BILDUNG

EINE STREITSCHRIFT

Werner Lenz

BILDUNG
EINE STREITSCHRIFT

Abschied vom lebenslänglichen Lernen

Löcker

Gedruckt mit freundlicher Unterstützung des Amts der Steiermärkischen Landesregierung, Abteilung Wissenschaft und Forschung, des Alfred Schachner Gedächtnisfonds sowie des Forschungsservice der Universität Graz.

→ Wissenschaft

© Erhard Löcker GesmbH, Wien 2012
Alle Rechte vorbehalten
Herstellung: Prime Rate, Budapest
ISBN 978-3-85409-606-1

INHALT

7 Auf einen Blick

13 Mein Bildungsbrunnen

17 Krisen

27 Wagemut

37 Aufklärung und Demokratie

61 Globalisierung

79 Bildung als Beziehung

93 Sich selbst steuern

109 Universität für alle

127 Kritik und Defizite

143 Lernen in der Lebensspanne

173 Menschenbildung

191 Bildung neu erfinden

203 Literatur

AUF EINEN BLICK

Am Gängelband
Selbstbildung
Widerstand und Zweifel
Erhelltes Dasein

Am Gängelband

Unsere Bildungseinrichtungen zeigen eklatante Schwächen. Am Ende der Schulpflicht mangelt es bei zu vielen Jugendlichen an ausreichenden Kenntnissen in Lesen, Rechnen und Schreiben. LehrerInnen driften ins Burn-out. Fachhochschulen weisen Studierwillige ab, Universitäten wollen sich durch Zugangsregelungen verschließen.

Das Bildungswesen befindet sich in einem sozialen Notstand. Lernende werden zu wenig individuell betreut und gefördert. Es regiert eine Mentalität wie bei der Fertigung industrieller Massenware: was nicht entspricht wird ausgesondert.

Menschen mit höherer und weiterführender Bildung erreichen einen akzeptablen sozialen Status. Ihre Lebensbedingungen – Einkommen, Gesundheit, Lebensqualität, Wohnlage oder Angebote für die eigenen Kinder – sind erstrebenswert. Soziale Chancen, so ist leider festzustellen, werden mit Bildungsabschlüssen »vererbt«. Dies hat in einer Gesellschaft, die auf eine gebildete Bevölkerung angewiesen ist, üble Folgen. Die soziale Spaltung nimmt zu.

Wir benötigen mehr Kenntnisse über die Veränderungen in der globalisierten Welt und mehr Mitgefühl, um die Schrecken und Widersprüche des Daseins zu bewältigen. Wir leben in einer Welt mit viel Ungerechtigkeit. Wir existieren in Gesellschaften, deren sozialer Druck und deren Konkurrenz psychisch und physisch krank machen. Nicht nur individuelles sondern auch gesellschaftliches Lernen ist notwendig. Doch unsere Bildungseinrichtungen dienen als Spielwiesen politischer Machtverhältnisse. Deshalb verharren die Lernanstalten und ihre Protagonisten in traditionellen Formen und Strukturen. Sie lehnen neues Klientel und neue Aufgaben ab, anstatt sich auf aktuelle Herausforderungen und auf soziale Verantwortung für alle Lernenden einzustellen. Wie sehr der Bildungsverlauf soziale Ungleichheiten festigt, wird kaum zur Kenntnis genommen.

Selbstbildung

Das Bildungskonzept des lebenslangen Lernens provoziert. Alle Menschen sollen in der ganzen Lebensspanne Gelegenheit bekommen Bildungs- und Lernprozesse fortzuführen oder wieder aufzunehmen. Für einen Aufbruch in eine hoffnungsvolle Zukunft sollten wir uns vom Defizitmodell, in das wir die Menschen gepresst haben, von einer »Erlösung« durch Bildung verabschieden. Es geht nicht darum Mitmenschen zu verbessern oder, wie es im 19. Jahrhundert hieß, zu »veredeln«. Wir sollten die Menschen akzeptieren, wie sie sind. Sie haben Potential sich zu bilden und zu lernen. Den Menschen ihr Verhalten zu spiegeln, verstehe ich als aufklärende Aktion. Vertrauen in Selbstbildung kokettiert nicht mit einem Anspruch auf Vollkommenheit. Selbstbildung soll Raum geben eigensinnig nachzudenken und zu urteilen, eigenständig zu entscheiden und gemeinsam mit anderen die Welt zu gestalten.

Wir sollten uns neu orientieren: eine neue Bildungsmentalität, ein neues Bildungssystem, eine neue Bildungsorganisation getragen von pädagogischen Profis mit neuem Selbstbewusstsein. Das bestehende Bildungswesen gehorcht noch immer der Ideologie des Absolutismus und des Industriezeitalters. Dies äußert sich in Belehrung, Kontrolle, Selektion, Strukturen und Verwaltung. Es verlangt gehorsame »Nach«-Bildung und behindert eigenständige »Selbst«-Bildung.

Widerstand und Zweifel

Unser Bildungssystem ist selbstsüchtig. Es will Lernende optimieren und sie konkurrierenden Arbeitsmärkten zur Verfügung stellen. Es bereitet nicht auf ein Leben in einer unsicheren Welt vor, in der Widerstand und Zweifel wichtige Tugenden sind, um die Erde bewohnbar zu erhalten.

Achtsamkeit gegenüber den Lernenden, allerdings auch gegenüber den Lehrenden, fehlt. Beachtet werden Zahlen in Statistiken, Ergebnisse in Notenform, internationale Vergleiche vor und nach dem Komma, Ranglisten und Budgetzahlen. Ein Popanz an Verwaltung, die sich und das System rechtfertigt und schützt, kommt offensichtlich niemandem zu teuer.

Apropos Geld: Wenn sich Studierende durch zusätzliche Studiengebühren verschulden, produzieren wir weiterhin AbsolventInnen, die ihre Arbeitskraft schnell verkaufen müssen. Denn ihre Schulden erhöhen sich durch Familiengründung, Beschaffen von Wohnraum, Kosten für Mobilität – wir erzeugen marktorientierte KonsumentInnen. Wir fördern durch solche materiellen Belastungen keineswegs: selbstbestimmte, demokratiebewusste, politisch und solidarisch handelnde Personen, die sozial mitfühlend berufstätig sind und eine humane Welt mitgestalten wollen. Unser Bildungssystem bringt dirigierbare Menschen hervor – uns fehlen aber Menschen, die sich selbst regieren.

Erhelltes Dasein

Wie können Menschen in der neuen Weltgesellschaft gemäß ihren Bedürfnissen und Wünschen leben ohne andere Existenzen zu gefährden? Wie können wir friedlich miteinander auskommen? Welche Rolle spielen Bildung und Lernen dabei? Solche Fragen beschäftigen mich.

In Hinblick auf das Bildungsgeschehen stelle ich hier einige Antworten und Überlegungen vor. Was unser Bildungssystem und seine Probleme betrifft, halte ich Änderungen und Umdenken für dringend notwendig. Vorschläge und Hinweise erlaube ich mir aufgrund meiner beruflichen Erfahrungen. Das betrifft vorwiegend meinen langjährigen Arbeitsort Universität aber auch aktuelle Themen wie Individualität, Globalisierung und lebensbegleitende Bildung.

Über die Einschränkungen von Bildungswegen wird öffentlich mehr diskutiert als über Chancen Bildungszugänge zu erweitern. Es wird nicht verborgen bleiben, dass mich das stört. Das bestehende, selektive Bildungssystem verliert seine Berechtigung. Attraktive Formen, um individuelles und soziales Lernen zu fördern, um sich selbst sowie als Gesellschaft zu bilden und zu entwickeln, gewinnen an Bedeutung.

Lebensbegleitende Bildung soll entscheidungs- und urteilsfähig machen. Der Weg dahin ist lang – mit vielen neuen Anfängen. Zumindest unsere Gesellschaft könnte es sich leisten uns allen fünfzehn bis zwanzig Bildungsjahre als Recht in der Lebensspanne zu sichern. Das entspricht etwa einem Viertel der Lebenserwartung und wer studiert, genießt das schon. Vorsorgeuntersuchung für die Gesundheit – begleitender Bildungsscheck (-scheck und –check!) für den Intellekt.

Bildung öffnet Türen und Fenster zur Welt. Dies erhellt unser Dasein. Zusammenhänge zu erkennen und der Mut den eigenen Verstand zu gebrauchen, gelten für mich als wichtige Voraussetzungen, um ein friedliches Leben zu führen. Humane Bildung soll uns unterstützen, achtsam, einfühlsam und selbstbewusst im sozialen und natürlichen Umfeld aufzutreten. Über den Stellenwert von Bildung nachzudenken und darüber ins Gespräch zu kommen – wie wir uns in humaner Absicht selbst und gemeinsam bilden können – ist Anliegen dieses Buches.

MEIN BILDUNGSBRUNNEN

Fallende Wasser
Insel der Ruhe

Fallende Wasser

Mein Bildungsbrunnen steht im Rathauspark in Wien. Mit Blick zum Rathaus liegt er rechter Hand. Neben dem runden Becken, in das die Wassersäulen stürzen, ist der Verkehrslärm der nahen Ringstraße nicht zu hören.
Geschützt unter der Geräuschglocke fallender Wasser verbrachte ich einen Teil meiner ersten Studienzeit. Unmittelbar nach der Matura hatte ich Geschichte und Geographie inskribiert. Deshalb, weil ein Lehrer, ein Herr Professor, wie er im damaligen Gymnasium hieß, mir ein sympathisches Vorbild war. In meiner Familie gab es keine Erfahrungen mit der Universität. Als erster Maturant meines Stammbaumzweiges konnte ich mir schlecht vorstellen, was Studieren bedeutet – eine Art spezialisierte Schule, dachte ich, die mir die Welt erklärt.
Mein junger Geist war ungezügelt, nicht besonders diszipliniert, neugierig und ungestüm. Proseminare und Vorlesungen reichten nicht aus. So fand ich den Weg in den Rathauspark, wo ich am Rande des Brunnens lesend versunken bin. Weniger Fachbücher und Skripten sondern die in den damals neuartigen Taschenbüchern relativ billig zu habende Lektüre besetzte mein Interesse. Den Geist der Zeit – Anfang der 1960er Jahre – bestimmten die Werke von Albert Camus und Jean-Paul Sartre. Ein existentialistisches Flair sprach mich an.

Insel der Ruhe

Meine Bildung wuchs außerhalb universitärer Mauern. Im Park öffneten sich Türen zur Welt. Sie lockte mich, bis ich mein Studium unterbrach. Neugierig begann ich zu reisen und einen Teil der Welt zu erkunden. Als „Werkstudent", teilweise berufstätig, kehrte ich einige Jahre später an die Universität zurück. Ende der 1960er Jahre war mir die Gesellschaft Motiv geworden wieder zu studieren. Politikwissenschaft, Psychologie und Pädagogik schienen Wissen und Erkenntnisse zu garantieren, durch die sich mein individuelles Leben und die sozialen Bedingungen gestalten ließen.

Der Brunnen spendete noch immer sein Wasser. Aber ich lief vorbei – zuerst als Hörer später als Leiter von Lehrveranstaltungen. Ich war der Welt verhaftet, las Fachbücher. Nur selten suchte ich die Ruhe des Brunnens und seinen Schutz. Für Gespräche dienten Kaffeehaus und Büro.

Der Rathausplatz, inzwischen längst autofrei, wird jetzt für Events genutzt. Eislaufen im Winter, Open-Air-Kino im Sommer, Zirkus, Festwochen, Weihnachtsmarkt. Die leicht beweglichen Sessel sind schweren Bänken gewichen. Der Brunnen ist keine Insel der Ruhe mehr.

Wenn ich noch manchmal den Ort besuche, wo das Wasser steigt und fällt, denke ich an die Zeit, als ich mein Lernen und Lesen, meinen Weg ins erwachsene Leben selbst zu steuern begann. Und ich denke an einen meiner selbstgewählten Lehrer in der Zeit der Lektüre, den weisen Bertolt Brecht, der mir die Welt und wie man sich in ihr bildet beschrieb (Brecht, 1973, S. 770):

SO BILDET SICH DER MENSCH
Indem er ja sagt, indem er nein sagt
Indem er schlägt, indem er geschlagen wird
Indem er sich hier gesellt, indem er sich dort gesellt
So bildet sich der Mensch, indem er sich ändert
Und so entsteht sein Bild in uns
Indem er uns gleicht und indem er uns nicht gleicht.

KRISEN

Gefährdet
Kontrolliert
Alles fließt
Weltgesellschaft
Neue Menschen
Menschenproduktion

Gefährdet

Ständig schrillt Alarm. Krise lautet die Überschrift für jeden neuen Tag. Krisen begleiten uns: Erst stirbt der Wald, dann stirbt der Mensch. Ozonloch. Verlust der Ersparnisse. Zunahme der Kriminalität. Einsatz von Atomwaffen. Früher Tod durch Feinstaub. Erderwärmung. Zur Zeit, im Winter 2011, sind es besonders die Wirtschaftskrise, die Finanzkrise, die Dollarkrise, die Eurokrise aber auch Börsencrash und Aktienabsturz. Geschickt melden die Medien dazwischen, es sei nicht so arg gekommen wie befürchtet. Aber die Krise ist nicht überstanden, warnen sie. Sie lauert noch. Sie dauert noch.
Bedrohungen ängstigen. Ohnmacht lähmt.
Was bleibt uns? Das kleine Glück finden – durch Zufall, durch Geschick, durch einen kleinen Trick. Das kleine Glück leben – in der Familie, mit Freunden, selten allein. Wir sind der Welt ausgeliefert. Nehmen wir uns rasch, wenn uns das Schicksal gibt.
Um etwas zu ändern, fehlt die Zuversicht. Wie gesagt: Bedrohungen von allen Seiten, unvermutet und ständig in neuer Gestalt. Es strengt genug an, auf sich selbst zu schauen.

Kontrolliert

Wer Grundlegendes ändern will, stößt sofort auf Einspruch. Ein übermächtiges System, alles kontrollierend und beherrschend, unterbindet letztlich jeden möglichen Erfolg. Zur Zeit heißt der Moloch Kapitalismus. Wir sind von ihm infiziert und ergriffen. Er dehnt sich weltumfassend aus, passt sich geschickt an und verschlingt jeden Widerstand.
Doch droht nicht jedes gesellschaftliche System den Einzelnen zu vereinnahmen? Es lebt davon umfassend zu sein. Die Frage bleibt, welche Freiheitsgrade es zulässt? Können die Menschen mitgestalten oder wird gegen den Willen der Mehrheit verwaltet und gestaltet?

Bedrohlich wird heute das Bild vom »gläsernen Menschen« gezeichnet. Kreditkarte, Handy, Auto, Mails ziehen eine Spur. Jede Bewegung lässt sich überwachen. Zugleich nützen und schätzen die Menschen den Gebrauch dieser Dinge, weil sie das Leben vereinfachen und sichern. Kontrollierte Existenzen verzichten darauf sich selbst zu steuern.

Alles fließt

Systeme erzeugen auch ihre Widersprüche. Änderungen erfolgen und bewirken Neues innerhalb eines Systems durch äußere Einflüsse. Nichts bleibt, wie es ist. Diese Einsicht begleitet die Menschheit schon lange. Heraklit (520 – 460) fand die Metapher: Niemand kann zweimal in denselben Fluss steigen. Denn: Alles fließt. Ovid (43 v. -17 n.) beschrieb den Wandel in seinen »Metamorphosen«: Keinem bleibt seine Gestalt. Der christliche Glaube beruht, wie auch andere Religionen, auf der Erlösung vom Diesseits: Das wahre Leben braucht den Wandel, die Wandlung, die Verwandlung des Menschen, damit er das Jenseits betreten kann. Religionen versprechen eine Zukunft. Leben ist »nur« ein Übergang in eine ewige Phase der Erlösung, Strafe oder Harmonie.

Mit der Evolutionstheorie nach Charles Darwin (1809 – 1882) wird unser Dasein – wie jedes Leben – als ständiger Wandel erklärt. Diese Ansicht stellt die väterlich-göttliche, monotheistische Macht genauso in Abrede wie einen allzeit existierenden harmonischen Kosmos. Die Menschen werden endgültig – auf wissenschaftlicher Beobachtung beruhend – ihrer Sonderstellung unter allen lebenden Wesen beraubt. Sie bekommen als kleines Glied in einer langen Kette des Lebens ihren bescheidenen Platz.

Es ist eine Frage der Zeit, welche Veränderungen sich von den Menschen wahrnehmen lassen. Auf die durchschnittliche menschliche Lebenszeit bezogen, etwa sechzig bis achtzig

Jahre, erleben wir eine relative Stabilität und wünschen uns von Dauer zu sein, soweit das Leben angenehm ist. Das Leiden in der Welt nährt die Hoffnung auf ein ewiges Dasein in einem jenseitigen Paradies. In einer besseren, anderen Welt soll es Genugtuung geben für diesseitigen Schmerz.
Für die Beladenen und Unterdrückten hat Bertolt Brecht (1898 – 1956), der wegen seiner politischen Überzeugungen die Länder wechseln musste, ein Trostgedicht verfasst. »Das Lied von der Moldau« gibt Hoffnung auf ein zufriedenstellendes Leben im Diesseits, interpretiere ich den Dichter (Brecht, 1973, S. 1968):

Am Grunde der Moldau wandern die Steine,
es liegen drei Kaiser begraben in Prag.
Das Große bleibt groß nicht und klein nicht das Kleine.
Die Nacht hat zwölf Stunden, dann kommt schon der Tag.
Es wechseln die Zeiten. Die riesigen Pläne
Der Mächtigen kommen am Ende zum Halt.
Und gehen sie einher auch wie blutige Hähne,
es wechseln die Zeiten, da hilft kein Gewalt.
Am Grunde der Moldau wandern die Steine,
es liegen drei Kaiser begraben in Prag.
Das Große bleibt groß nicht und klein nicht das Kleine.
Die Nacht hat zwölf Stunden, dann kommt schon der Tag.

Weltgesellschaft

Es hängt von den Empfindungen, den Lebensumständen und den Bedürfnissen ab, wie sehr Menschen auf Veränderung drängen. Gesellschaftlich gesehen ist es auch eine Frage, ob es eine Kultur des Widerstands gibt. Den ÖsterreicherInnen wird revolutionäres Potential abgesprochen. Sie gelten als saturierte Phäaken, stille Nutznießer, symbolisiert durch die Saga (Sager!) vom »Herrn Karl« (Qualtinger, Merz, 2007). Spätestens seit den Umbrüchen in den arabischen Ländern, dem sogenannten arabischen Frühling, erscheint manchem Kritiker ganz Europa in einem Dämmerzustand und die Weltbewegung anderswo. Aber auch in unserer übersättigten Konsumwelt weht der kalte Wind der Veränderung. Die Decke des Wohlstands reicht nicht für alle aus. Armut wird in Europa und im verwöhnten Österreich sichtbar. Sie hat viele Gesichter, die sich nicht gerne zeigen. Doch in Notunterkünften, auf Einkaufsstraßen, in Bahnhöfen oder Sozialläden kann sie niemand mehr übersehen.

Unser neues Zuhause, die Weltgesellschaft, zwingt uns zum Wandel: indem wir uns anpassen, weil wir uns wandeln müssen, indem wir etwas beitragen wollen, um den Wandel zu gestalten. Ich gehe davon aus, dass wir unter Bedingungen leben, die gestaltbar sind. Gerade die Widersprüche geben Anlässe, Bedürfnisse zu äußern. Flexibel und mobil, energetisch und bewegt stellen wir uns bisher nicht gekannten Situationen.

Wir erleben uns in neuen Lernfeldern, die uns erkennen lassen, was wir wollen und welche Kenntnisse und Fähigkeiten wir brauchen, um unsere Ziele zu erreichen. Lernfelder, in denen wir unsere Fantasien, Bedürfnisse und Wünsche entfalten, ergeben sich durch Reisen, Filme, Theater, Dokumentationen …

Auf diese Weise lernen wir auch, dass sich in der Geschichte des menschlichen Daseins, in der menschlichen Kultur und Zivilisation fortwährend Änderungen ergeben haben. Dies ermutigt ein wenig Distanz zum ständigen Alarm der Gegenwart zu nehmen, um Kraft für Denken und Handeln zu schöpfen.

Dieses Lernen über unser neues Dasein in einer Weltgesellschaft besteht darin, Informationen, Wahrnehmungen und Erfahrungen zu sammeln, zu reflektieren und an andere weiterzugeben. Es ist ein individueller Prozess und, weil der Mensch in Gruppen und Gemeinschaften agiert, um sein Leben zu führen, zugleich ein sozialer Prozess. Lernen betrifft also nicht nur Einzelne. Als soziales Lernen betrifft es Gruppen und Gemeinschaften, ja sogar ganze Gesellschaften. Wir können uns die ganze Menschheit als lernende Vielheit vorstellen.

Eine lernende Menschheit? Das verbindet sich mit dem Wunschdenken und mit der Hoffnung eine einheitliche Welt könnte entstehen. Diese Sehnsucht ist nicht neu. In der Absicht der Aufklärer des 18. Jahrhunderts äußerte sich deutlich das Ziel, Einheiten zu schaffen, in und aus denen heraus sich die Welt zum Besseren wendet. Lessing schrieb deshalb eine »Erziehung des Menschengeschlechts« (1780). In Goethes »Wilhelm Meisters Wanderjahre« (1821) finden wir seinen Hinweis auf die befreiten Kolonien – die USA, die Neue Welt – und seinen Vorschlag ein Weltbürgertum, einen »Weltbund« zu errichten: »Suchet überall zu nützen, überall seid ihr zu Hause«. (Goethe, 1998, S. 389).

Der dunkle Vorhang, der dem Menschen die Aussicht auf eine bessere Welt verhüllte, der die Menschheit selbst in ihrer Entwicklung hinderte, sollte verschwinden – verbrennen im idealistischen oder revolutionären Feuer. Mit Brandwunden war zu rechnen.

Neue Menschen

Totalitäre Systeme wollten und wollen eine neue Gesellschaft und neue Menschen nach den Regeln ihrer Macht formen. Sie verachteten und verabscheuen die Geduld sich durch Lernen zu wandeln. Zuletzt gilt als negatives Beispiel das Terrorregime in Kambodscha, das für die Vision eines »Bauernstaates« bis zu zwei Millionen Menschen, die nicht genehm waren, vernichtete: Ärzte, Lehrer, Brillenträger, Intellektuelle, Journalisten, Professoren …

Das Leben auf dieser Welt war vielen Menschen lange nicht gut genug. Verständlich, wenn wir in der Geschichte blättern. Mit dem Verzicht auf ein fernes Paradies, mit dem Wunsch im Diesseits bereits gut zu leben bekam Wissenschaft eine neue Rolle. Zunächst war Naturwissenschaft von der Kirche gefördert worden, um das in der Natur angelegte »Göttliche« zu entziffern.

Bibel und Philosophie ließen zu viele Interpretationen zu. Eindeutige Beweise für die göttliche Ordnung sollten gefunden werden. Doch der Wunsch der Kirche, dass die Erde als Mittelpunkt des Weltalls und die Menschen als Krone der Schöpfung anerkannt werden, erfüllte sich nicht. Die Erde entpuppte sich als Teil des Planetensystems und als Teilchen im Kosmos.

Die Menschen verloren als Spätlinge der Evolution ihren Sonderstatus. Nicht nur gab es sie in unterschiedlichen kulturellen Ausprägungen – in der Abhängigkeit von ihren Trieben, Bedürfnissen und Interessen zeigten sie sich als göttliches Produkt leicht zerstörbar und fehlerhaft. Der Historiker Philipp Blom urteilt über diesen Emanzipationsprozess der Wissenschaft: »Stolz und unabhängig von der Theologie veränderte die Wissenschaft die Welt. Jede neue Entdeckung erweiterte das Reich des Empirismus und brach ein weiteres Stück aus Gottes Reich heraus, und obwohl diese Eroberungen für sich genommen klein und unsicher waren, beruhten sie doch alle auf dem Prinzip, dass Erkenntnis möglich war, ohne sich an den Schöpfer zu wenden, dass es ein ganzes Königreich von Fakten weit abseits vom Wort Gottes gab.« (Blom, 2011, S. 108 f.).

Mit der Aufklärung begann sich Wissenschaft gegen andere Autoritäten als entscheidende Instanz durchzusetzen. Doch war sie auch – und ist noch immer – mit dem Glauben an Wahrheit verbunden. Auf eine glückliche Gesellschaft sei zu hoffen, dachten die Protagonisten der Aufklärung, wenn die Menschen auf die Stimme der Vernunft, der Natur, der Wahrheit hören. Die Wahrheit gibt es – wir müssen sie nur erkennen. Wenn wir alles wissen, dann zeigt sich auch der Weg zum glücklichen Leben. Wenn wir »das Richtige« wissen, dann handeln wir danach, lautete die aufklärerische Überzeugung.

So wurde auch Pädagogik (griechisch – die Knabenführung) zu einer Wissenschaft, die den Menschen disziplinieren und verbessern sollte. Eine pädagogische Technik und Mechanik, anfangs in den Händen von Küstern, ausgedienten Soldaten, Mönchen, Nonnen, verkrachten Studenten, gescheiterten Theologen oder sitzenden Handwerkern (z.b. Schneider, Schuhmacher) (vgl. Neumann, 2011, S. 2), wandelte sich nur langsam zu einer reformpädagogischen Methodik und Didaktik. Ab dem 18. Jahrhundert galt die Schulpflicht den absolutistischen Herrschern als ein Instrument, um die Menschen zu brauchbaren und gehorsamen Dienern und Untertanen zu erziehen. Die Schule ergänzte die Funktionen von Kirche und Militär. Sie erleichterte den staatlichen Zugriff auf die Jugend. Der Unterwerfung unter Gott und seine Repräsentanten, der Unterwerfung unter Offiziere und ihre Befehle fügte sich die Unterwerfung unter Lehrende und das von ihnen vermittelte Wissen sowie die von ihnen verlangte Disziplin hinzu.

Diese anerzogene Bereitschaft als Einzelner gehorsam vorgegebenen staatlichen Zielen zu gehorchen, konnte leicht von rücksichtslosen Machthabern genutzt werden. Die totalitären Regime, die den Menschen ihren Willen und ihre Ideologie aufzwangen, haben blutige Spuren in der Geschichte hinterlassen.

»Neue Menschen« standen auch auf der Wunschliste revolutionärer Bewegungen. Revolutionen sind seit 1789 geschichtsmächtige Kräfte, die politische Konstellationen zerstört oder neu hergestellt haben. Mit ihrem »Messianismus« und ihrem totalitären Anspruch verheißen sie auch einen »Neuen Menschen« (vgl. Küenzlen, 1997).

Menschenproduktion

In Summe wirkten alle diese Bestrebungen verachtend gegenüber den existierenden Menschen. Diese galten den Herrschenden nicht gut genug – vor allem die heranwachsende Generation sollte »veredelt« werden. Die Denkweise des Industriezeitalters wurde auf die Menschen angewandt. Sie seien wie industrielle Produkte herstellbar. Menschen wurden wie produzierbare Massenware betrachtet, gelegentlich in sozialen Anstalten zu reparieren oder, wenn das nicht möglich ist, auszusondern.

Ich bemerke dieses Denken der industriellen Produktion noch heute in unserem Bildungswesen. Selektiv werden die »Guten« von den »Schlechten« schon früh getrennt, mit Lob und Tadel – mit Noten – beurteilt und zur weiteren gesellschaftlichen Verwertung auf unterschiedliche Bildungswege befördert. Am Laufband Bildung stehen die lehrenden Wächter, die Auslesen treffen. Professionalisierung, Evaluation oder Qualitätsmanagement stehen im Dienst einer industrialisierten Pädagogik. Wohl sind inzwischen die Produktionsformen längst andere geworden – die individuelle Fertigung, die Teamarbeit oder die Erfordernisse nach individueller Kreativität haben sich durchgesetzt – aber das mehrheitliche Bewusstsein der im Bildungssektor Tätigen zeigt antiquierte Züge. In einem Bildungswesen mit musealem Charakter, werden Menschen »produziert« – belehrt, geprüft, qualifiziert – und in eine Welt entlassen, in der sich längst schon ganz neue Produktions- und Lebensformen durchgesetzt haben.

Als Pädagoge bin ich sensibel geworden, wenn es darum geht, die Menschen zu verändern. Ein überheblicher Ton schwingt mit, wenn Bildung und Erziehung, wenn Training und Schulung Menschen »verbessern« wollen. Oder wenn es anmaßend heißt, nur die Besten sollen studieren, nur die Besten sollen Lehrer, Ärzte, Anwälte oder Techniker werden.

Sind das die »neuen Menschen« – nützlich, brauchbar, angepasst? Die sich selbst am richtigen Platz wissen und andere gering achten? Die Menschen grenzen sich ab – sie wollen mit anderen wenig zu tun haben. Gemeinsam im Restaurant, im Konzert oder Theater sitzen, aber doch für sich allein genießen, abgeschottet sich mit dem Auto bewegen und ungestört von den Bedürfnissen anderer die individuellen Wünsche ausleben. Bindungen an die Gemeinschaften lösen sich. Bilanziert wird der materielle Verbrauch. Solidarität scheint nicht auf. Sie ist kein Wirtschaftsgut.

WAGEMUT

Über – Lebensfrage
Sich lernend bilden
Optimistische Sicht
Serendipity
Umwege zum Ziel

Über – Lebensfrage

Wie können Menschen individuell, in Gruppen, Gemeinschaften, Nationen und heute zweifellos als Weltgesellschaft gemäß ihren Interessen und Bedürfnissen leben ohne andere Existenzen jetzt und in Zukunft zu beeinträchtigen?
Nein, ich habe keine umfassende Antwort darauf. Erwartungen in diese Richtung kann ich genauso wenig erfüllen wie Eulenspiegel, der ankündigte, er werde vom Kirchturm fliegen.
Die mit dieser Frage verbundene Problemstellung ist nicht Anliegen eines Einzelnen. Die Menschen bemühen sich in verschiedenen Berufen und im Alltag, Antworten zu benennen und zu leben. Ich meine aber, wir sollten uns privat und öffentlich stärker auf diese Frage konzentrieren.
Für die Wissenschaft, als unsere bedeutsamste rationale Grundlage, als unsere Legitimationsinstanz, um Erkenntnisse und Einsichten für Entscheidungen zu gewinnen, ist diese Frage ein besonderes Anliegen. Oder besser: sollte es sein! Für »die Wissenschaft«? Ja, in interdisziplinärem Zusammenwirken gilt diese Verallgemeinerung.
Der Eid des Hippokrates (460 – 370) will Ärzte verpflichten für die Erhaltung menschlichen Lebens, für den Schutz der PatientInnen und für ein rechtschaffenes Verhalten, das die Kranken nicht ausnutzt sondern in ihrer Würde achtet, einzutreten. Das hält manche Mediziner nicht davon ab ihre Macht zu missbrauchen. Doch es ist ein Regulativ gegeben, das Orientierung schafft. Ich halte mich an das Regulativ der Aufklärung, wie es Immanuel Kant (1981, S. 9) formulierte: »Habe Mut dich deines eigenen Verstandes zu bedienen«. Auch das »Manifest von Cuernavaca« (vgl. Dauber, Verne, 1984) oder der dem Hippokratischen Eid nachempfundene »Eid des Sokrates« (2008) für PädagogInnen, den Hartmut von Hentig (geb. 1925) verfasste, empfinde ich als hilfreiche Richtlinien.
Das »Manifest von Cuernavaca« (1974) bringt die Sorge zum Ausdruck, dass Wissen ungleich verteilt, institutionalisiert und

deshalb nicht für alle gleichmäßig zugänglich sondern monopolisiert und nicht gerecht verfügbar ist. Die Ungleichheit im Zugang zu Wissen unterstütze die bestehende soziale Ungleichheit zwischen aber auch innerhalb von Gesellschaften. Diese Besorgnis drücken die VerfasserInnen auch gegenüber einem System des lebenslangen Lernens aus, das aufgrund von Vorschriften oder sozialem Druck Wissenserwerb erzwingt. Das »Manifest« plädiert für ein Lernen, das nicht an Schulen oder ähnliche Institutionen monopolistisch gebunden ist. Wissen soll jedermann nach Bedarf zugänglich sein! Lehren und die Produktion von Wissen soll nicht allein den ExpertInnen überlassen werden. Das »Manifest« tritt für die Demokratisierung von Bildung und Lernen ein.

Der »Sokratische Eid« beschreibt eine Selbstverpflichtung von LehrerInnen und ErzieherInnen, Individualität und Eigenheiten von Kindern zu achten, Kinder mit ihren Schwächen zu schützen, sie bezüglich ihrer Entwicklung zu fördern und ihnen eine positive Perspektive für eine bessere Welt sowie entsprechende Zuversicht mitzugeben. Gefordert wird eine Selbstverpflichtung der Erwachsenen als Vorbild zu wirken, für eine lebenswerte und hoffnungsvolle Zukunft einzutreten, die eigenen Überzeugungen und Taten zu begründen, sich allfälliger Kritik zu stellen aber auch gegen Personen oder Verhältnisse, die diese Absichten verhindern, Widerstand zu leisten.

Solche Überlegungen beruhen auf der Einsicht, dass Bildung, Lernen oder Wissen keine neutralen Begriffe sind sondern Machtverhältnisse, Suche nach Gerechtigkeit oder die Verteilung sozialer Chancen zum Ausdruck bringen. Wer im Bildungssektor tätig ist, wird in diese Auseinandersetzungen einbezogen. Lehrende und Erziehende sind Partei. Deshalb bedarf es bei den Akteuren einer Selbstreflexion, Selbstkontrolle und einer allfälligen Selbstbeschränkung, um nicht naiv und ungewollt parteiisch zu sein. Bewusst parteiisch zu sein bedeutet aber politisches Bewusstsein kommunikativ zur Geltung zu bringen. Sich einmischen, mitreden und widersprechen, um ein sozial gerechtes Bildungswesen zu schaffen.

Sich lernend bilden

Im Sinne einer kommunikativen Selbstkontrolle möchte ich auch meine Wege und Vorgangsweise, mein methodisches Konzept, auf dem meine Aussagen beruhen, vorstellen. Als Einzelunternehmer hinsichtlich meiner Ausführungen sammle ich meine Gedanken, mein Wissen, meine Einfälle und Fragmente, um herauszufinden, welche Rolle Lernen und Bildung in unserer Gesellschaft spielen. Wie grenze ich diese beiden Begriffe, Bildung und Lernen, voneinander ab?

Mit *Lernen* verbinde ich: Informationen erfassen und übernehmen, etwas Vorgegebenes annehmen und merken sowie als Wissen festigen und wiedergeben können.

Bildung kennzeichne ich mit: auseinandersetzen, reflektieren, Distanz nehmen, besinnen, etwas aus verschiedenen Blickwinkeln betrachten und es schließlich bewusst in den Zusammenhang meines Wissens und Denkens integrieren, um es weiter zu verarbeiten.

Wenn ich mir Wissen aneigne, Fähigkeiten, Kenntnisse, Verhalten übernehme, dann lerne ich.

Wenn ich darüber nachdenke, ob und wie ich Gelerntes einsetze und anwende, wenn ich mein Handeln beurteile, also kritisch betrachte (das griechische Wort kritein heißt beurteilen, unterscheiden), dann bilde ich mich.

Jemand kann mich belehren und ich kann von jemandem lernen – doch niemand kann mich bilden, bilden kann ich mich nur selbst. Niemand kann gebildet werden, jede und jeder bildet sich selbst.

Wenn ich mich bilde, so geschieht dies, indem ich meine Erkenntnisse und mein Wissen auf die Äußerungen und das Verhalten anderer Menschen oder auf den Eindruck von Geschehnissen, Ereignissen oder Lebewesen in meiner Umwelt beziehe. Ich bilde mich in und durch Beziehungen. Sich bilden bedeutet sich auf etwas zu beziehen, etwas in die eigene Denk- und Lebenswelt aufzunehmen und sie dadurch zu gestalten.

Bildung ist ein Horizont, hat der Philosoph Hans Blumenberg (1920 – 1996) angemerkt, kein Arsenal (1998, S. 25).

Optimistische Sicht

Diese Auffassung von Bildung verspricht dem Menschen Selbstbestimmung und Verantwortung für sein Denken und Handeln.
Selbstbestimmung: Du kannst dein Leben gestalten – rede dich nicht auf dein Umfeld aus, auf deine Herkunft, deine Erziehung, deine Eltern, deine Geschwister, MitschülerInnen oder LehrerInnen, auf deine MitarbeiterInnen, deine Vorgesetzten und auf den Rest der Welt!
Du kannst etwas machen – allerdings nicht im blinden Eifer sondern in Abwägung der Situationen und der Bedingungen, die dich umgeben, sowie der Folgen, die daraus erwachsen.
Verantwortung: Dein Dasein wird durch andere ermöglicht – wir sind soziale Wesen in einer vielfältigen, arbeitsteiligen Gesellschaft. Unser ganzes Leben sind wir in ein komplexes System wechselseitiger Unterstützung eingebettet. Wir werden in der Kindheit umsorgt und im Alter gepflegt, wir erhalten Nahrung für Geld im Tausch gegen Arbeit, erreichen Ziele im Wettbewerb mit anderen und Erfolg in Teams, wir gewinnen Zuneigung, Anerkennung und Wertschätzung, wenn wir einander gegenseitig achten, wir leben und überleben in der Welt, wenn wir gemeinsam vereinbarte Regeln einhalten.
Jede und jeder kann in dem komplexen sozialen Gefüge menschlichen Daseins einen Beitrag zu einem individuell erfüllten und gesellschaftlich akzeptierten Leben leisten.
Unter diesen Voraussetzungen richtet sich mein Interesse auf Denkfiguren, Einsichten und Erkenntnisse, auf zum Ausdruck gebrachte Gefühle und Bedürfnisse, auf Texte und Organisationen, die mit Lehr-, Lern- und Bildungsprozessen zu tun haben.
Ich konzentriere mich auf Lernen und Bildung, weil ich sie für bemerkenswerte Möglichkeiten des Menschen halte, um Verhal-

tensweisen und Lebensformen zu fördern, die erlauben, die Welt friedlich zu begehen und friedvoll zu verlassen.

Serendipity

Wie gehe ich an diese Über-Lebensfrage nach friedlicher Existenz heran?
Mit »serendipity«!
Dieses Wort bedarf einer Erklärung.
Wir wollen der ständigen Bedrohung eines friedlich geführten Lebens entkommen, wir brechen auf, um Antworten und Lösungen zu suchen. Wir überlegen, welchen Weg wir einschlagen und welche Ziele wir anstreben. Wir wollen jedoch auch unterwegs unsere Chancen nutzen – uns darüber freuen zur rechten Zeit am rechten Ort zu sein. Dies kommt der »serendipity« schon nahe.
Zwei Bedeutungen begleiten den Begriff.
Die jüngere Erklärung führt zu den Naturwissenschaften und bezieht sich auf zufällige Entdeckungen. Die Röntgen-Strahlen sind ein oft genanntes Beispiel, ebenso wie das Penicillin oder die Landung in Amerika. Das Gemeinsame ist die Suche nach einem Ziel und die zufällige Entdeckung eines anderen. Columbus war auf der Suche nach einem westwärts liegenden Seeweg nach Indien (1492), Jan Flemin untersuchte Bakterienkulturen (1928) und Wilhelm Conrad Röntgen beobachtete die Strahlung an fluoreszenzfähigen Gegenständen (1895). Aber auch Viagra, der Sekundenkleber, der Klettverschluss und der Teebeutel haben solche »Zufälle« als Ursprung (vgl. Schury, 2006).
Nur mit aufgewecktem Geist, mit wachsamen Intellekt kann etwas entdeckt werden. Zugleich darf man vom gesuchten Ziel nicht völlig vereinnahmt sein – es ist gut Raum für Umwege und für Begegnungen zu geben sowie offene Augen zu bewahren. Beim Surfen im Internet, beim Lesen alter Aufzeichnungen, bei der Suche nach einem Buch in Bibliothek oder Antiquariat

kann der Zufall – nein, die Serendipität – etwas Unerwartetes, aber Brauchbares und Nützliches, etwas Interessantes und Wertvolles bringen.

Dies führt zur zweiten und ursprünglichen Bedeutung sowie zur Geschichte des Begriffs. Es ist eben nicht der Zufall gemeint sondern die Bereitschaft und Aufmerksamkeit der Suchenden oder Forschenden für mehr als ein festgelegtes Ziel.

Die Herkunft des Wortes Serendib, Serendip oder arabisch Scarandip, stammt von der Bezeichnung eines Minerals und war der Name für die Insel Ceylon, seit 1972 Sri Lanka. Um das Jahr 361 kann diese Benennung, die dann auch in der westlichen Welt geläufig war, nachgewiesen werden. Und im Wort »serendipity« steckt sie heute noch verborgen. »In die Heiterkeit eintauchen«, übersetzte ich es, auf das lateinische Wort »serenus« (heiter) und das englische »dip« (eintauchen) zurückgreifend. Ein erfundenes Wort, ein junges erfundenes Wort ... aber, ist nicht jedes Wort ein erfundenes?

Der Schöpfer des Begriffs »serendipity« soll, laut Encyclopaedia Britannica, der Schriftsteller und Politiker Horace Walpole (1717 – 1797) gewesen sein. Von ihm, der sein Leben lang intensiv schreibend kommunizierte, seine Briefe wurden in 42 Bänden publiziert, stammt dieser Wortgebrauch und die Aufnahme des Begriffs in die englische Alltagssprache. Angeregt worden war er durch das persische Märchen, »The Three Princes of Serendip« (Remer, 1965). Was das Märchen beinhaltet? Es ist die Geschichte dreier Prinzen, die von ihrem Vater ausgeschickt worden waren, um das Meer rund um ihre Insel von Ungeheuern zu befreien.

Umwege zum Ziel

Die Prinzen sind klug, hilfsbereit, lassen sich auf neue Situationen ein, gestatten sich Umwege – sie halten inne, überlegen, kombinieren. Da sie nicht nur ihr unmittelbares Ziel vor sich haben, erleben sie auch andere Abenteuer. Sie sind zielorientiert, geben aber anderen, zufällig eintretenden Ereignissen des Lebens Raum. Ihre Empfindsamkeit, ihr Einfühlungsvermögen, ihre Erfahrung hilft ihnen, Probleme zu erkennen, Ursachen zu analysieren, Erkenntnisse zu gewinnen. Sie unterstützen andere, die zu ihren Freunden werden. Sie bauen ein Netz an Beziehungen auf. Obwohl auf Bestimmtes gerichtet, sind sie bereit, Unbestimmtes anzunehmen. Doch um zu erkennen, was am Weg wartet, braucht es eine Stimmung – Empathie, die nicht nur auf bestimmte Signale reagiert, sondern empfänglich für andere Wahrnehmungen ist. Die drei Prinzen verhalten sich achtsam gegenüber allem, was ihnen begegnet.

Zum richtigen Zeitpunkt am richtigen Ort zu sein, ein Ziel vor Augen, aber empfindsam genug, um andere Vorgänge wahrzunehmen. Viel zu oft sind wir gefangen von dem, was hinter uns liegt, und fixiert auf das, was wir von der Zukunft erhoffen. Dadurch vermögen wir das Unmittelbare, die Chance auf Neues gar nicht zu erkennen.

Die drei Prinzen von Serendip vermitteln als Botschaft, mit allen Sinnen im Augenblick zu leben und zur Verfügung zu stehen, ohne deshalb das in der Vergangenheit Erlernte zu vergessen oder das Angestrebte aus dem Sinn zu verlieren. Im scheinbaren Scheitern gegenüber der einmal gesetzten Aufgabe, erfüllt sich ein anderes, unmittelbares Ziel, das letztlich auch zur Lösung der offenen Aufgabe beiträgt. Die Prinzen kehren nach langer Reise, vielen Umwegen und Abenteuern gestärkt in ihre Heimat zurück. Sie haben die Sitten und Gebräuche, die Weisheit und Erfahrungen fremder Länder in sich aufgenommen. Dadurch haben sie ihre Persönlichkeit gefestigt und gestärkt.

Zur Freude ihres Vaters bringen die Prinzen dieses positive Potential auf die Insel zurück. Die Ungeheuer verlieren ihren Schrecken. Die Prinzen finden ihr Glück, sie bleiben in Balance und tragen zum Gemeinwohl ihres Landes und seiner Menschen bei.

Schildert das nicht eine aufgeklärte Haltung? Lange vor der Epoche, die wir in Europa so benannten. Eine Epoche, die wir als Unikat für uns reklamieren, um uns vor anderen auszuzeichnen. Ein Abschnitt in unserer Geschichte, dessen Ideen und Wirken nur Teile der Bevölkerung erfassten und noch heute auf Umsetzung warten.

AUFKLÄRUNG UND DEMOKRATIE

Aufklärung
Radikale Aufklärung
Emanzipation
Humaner Fortschritt
Zeitraffer
Soziale Kälte
Gärten
Coole Gesellschaft
Demokratie empfinden
Ungleiche Gleiche
Politische Menschen

Aufklärung

Wandel bestimmt unser Leben. Veränderungen betreffen Individuen und Gesellschaften. Können wir lernen den Wandel und seine Konsequenzen zu beeinflussen und zu gestalten? Haben wir dazu genug Selbstvertrauen und ausreichend soziale Kraft? Oft entsteht der Eindruck die Menschen wollen oder können sich gar nicht ändern und jeder Wandel ängstigt sie. Doch Veränderungen werden uns vorgegeben, ziehen uns in ihre Dynamik und lassen gar keine Chance unbeteiligt zu bleiben.

Der Zukunftsforscher Mathias Horx registriert externe Veränderungsprozesse, die aufgrund von Zwängen, ökonomischen Interventionen oder technischen Trends »über uns kommen«. Davon unterscheidet er den »echten Wandel«, bei dem wir uns durch freie Wahl aufgrund erweiterter Freiheit oder durch wachsendes Bewusstsein selbst zu verändern beginnen und »innerlich wandeln« (vgl. Horx 2011, S. 13).

Aufklärung hilft externe Veränderungen zu verstehen und innerlichen Wandel – oder auch Widerstand – in Gang zu setzen. In diesem Sinn ist Aufklärung in unserer dynamischen Gesellschaft, in der Prozesse der Veränderung beschleunigt verlaufen, ein wichtiger Wegbegleiter. Sie ist nicht nur als individuelle Stütze sondern auch als gesellschaftliche Notwendigkeit zu verstehen, die den Dialog und die Auseinandersetzung über sowie die Teilhabe und Mitwirkung an Veränderungen bewirken kann. Insofern ist Aufklärung für pädagogisches Denken und Handeln ein aktuelles Anliegen.

Als historische Epoche umfasst Aufklärung etwa das 17. und 18. Jahrhundert. Sie stellt bis heute einen bedeutsamen Zeitraum der Neuorientierung für Menschenbilder und gesellschaftliche Entwicklung, für den Stellenwert von Wissenschaft und die Demokratisierung aller Lebensbereiche dar. Vorwiegend getragen von den politischen Interessen des Bürgertums, sollten der Adel und der Klerus ihre alleinigen Machtpositionen aufgeben. Bildung galt als Motor, um eine Gesellschaft, die sich nach eigener Leistung und selbst erarbeitetem Erfolg ordnen wollte, aufzubauen. Das 18. Jahrhundert wird sogar als pädagogisches bezeichnet, um auf die Bedeutung des neuen Verständnisses, das für Lernen, Bildung und das Bildungswesen entstand, hinzuweisen.

Die Epoche der Aufklärung brachte Initiativen im Bildungssektor – sie beabsichtigten die Menschen und ihre Lebensbedingungen zu verbessern – mit sich. Es war eine intellektuelle und soziale Bewegung, in der Mitglieder verschiedener Gruppen der Gesellschaft – Pfarrer, Adelige, Bürgerinnen und Bürger, Universitätsangehörige, Dichter und Schriftsteller, Handwerker und Bauern – für eine »bessere« Welt eintraten. Volksaufklärer (vgl. Böning, Schmitt, Siegert, 2007) kämpften mit unterschiedlichen Akzenten und unterschiedlichen Mitteln für bessere Lebensbedingungen, politische Mitbestimmung und individuelle Lebenschancen. Die Aufklärer waren von individuellen und Gruppeninteressen geleitet, um bestehende Abhängigkeiten zu beenden und Selbstbestimmung zu erreichen.

Das Engagement dieser Menschen schuf die Voraussetzungen, die uns heute in unserem »aufgeklärten« Kulturkreis von Selbstbestimmung, Autonomie, Selbstwertgefühl und ähnlichem sprechen lassen. Sie sind die Nachfolger der »Entdecker des Ich« (vgl. von Dülmen, 2001) und die Vorkämpfer unserer Generationen, die wir inzwischen eine »Zweite Aufklärung« einmahnen (vgl. Postman, 1999), weil wir uns aufgrund neuer Abhängigkeiten von einem selbstbestimmten Dasein weit entfernt erleben.

Radikale Aufklärung

Der Historiker Philip Blom (geb. 1970) macht uns darauf aufmerksam, dass uns im Lauf der Geschichte ein reduziertes Verständnis von den Ideen und Vertretern der Aufklärung vermittelt wurde. Die Linie der radikalen Aufklärer, die sich eine Welt ohne Gott vorstellten, wurde zunehmend ausgeblendet. Philip Blom lüftet in seinem Buch, »Böse Philosophen« (2011), den Mantel des Vergessens über den viele Jahre bestehenden Salon von Paul-Henri Thiry d'Holbach (1723 – 1789) und einem der beständigsten Besucher Denis Diderot (1713 – 1784). Als praktisches Vorhaben verband die beiden aufklärerischen Denker und Schriftsteller die Aufgabe die »Encyclopedie« (1775) zu verfassen. Sie sollte das damalige Wissen zusammenfassen und als Bollwerk der Vernunft dem Kampf gegen falsche Autoritäten dienen.

Mit der radikalen Aufklärung wird auch ein modernes Problem zur Geltung gebracht: das Leben mit Unsicherheit. Wenn uns keine höhere Macht steuert und daher trotz unseres Bittens und Betens nicht eingreifen kann, sind wir als Handelnde gefordert. Dann fällt uns auf, welche irdischen Mächte uns bestimmen und wie groß oder klein unser Raum ist frei zu entscheiden. Je mehr wir über »die Welt«, über Ursachen, Abläufe und Zusammenhänge wissen, das ist ein Credo der Aufklärung, desto leichter fällt es uns, Probleme zu erkennen, ihnen aus dem Weg zu gehen oder sie zu überwinden.

Welche Einsichten vermittelt uns die Aufklärung? Die Verhältnisse können verändert werden. Es braucht Mut und Kraft, individuelle Anstrengung und gemeinsames Wollen, Argumente, Begründungen und Überzeugungsarbeit, Analysen, Belege und alternative Ideen, um etwas zu ändern. Widerstand sollte als mutige Reaktion nicht als zu beseitigende Störung betrachtet werden. Nicht zuletzt: Vollkommenheit und Wahrheit sind Illusionen – wir können sie als Ideale voranstellen aber niemandem aufzwingen, ohne dessen Freiheit zu beeinträchtigen. Die Freiheit des Einzelnen steht in Beziehung zur sozialen Gemeinschaft, in der er oder sie sich bewegt. Als lernende Subjekte bilden und entfalten sich die Menschen in Lebensbedingungen, von denen sie abhängen und sich zugleich emanzipieren.

Emanzipation

Ein Leitbegriff, der sich auf das Zeitalter der Aufklärung bezieht und in die Diskussion um Bildung aufgenommen wurde, ist Emanzipation. Für meine Studienzeit an der Universität in den 1960er und 1970er Jahren war er wohl der auffälligste und am meisten gehörte. Bildung soll einen Beitrag zur Emanzipation leisten! Diesem Wahlspruch, oft als Kampfruf verwendet, konnte sich kaum jemand entziehen. Ende der 1960er Jahre war Emanzipation für viele Studierende mit dem Wunsch nach Ablöse aus autoritären Vorgaben aller Art verbunden: vom Elternhaus, von Lehrern und Schule, von der Universität, ihren Hochschullehrern und deren Anforderungen, von gesellschaftlichen Normen, von einer dirigistischen Verwaltung, von imperialistischen Weltmächten.

Aber es war auch eine Wende gegen politische Zustände: gegen den Krieg zwischen den USA und Vietnam, gegen die Ausbeutung der Dritten Welt, gegen die Macht des Kapitalismus sowie gegen die Präpotenz von Politikern und deren autoritären Stil.

Emanzipation als Bestandteil eines politischen Bildungsbegriffs wollte seit der Aufklärung die Autorität von Kirche und Adel brechen und sprach der Vernunft, dem Verstand und dem Argument die einzig gültige Autorität zu. Das Wort zu ergreifen, sich zu wehren, Widerstand zu leisten, sich zu engagieren und sich mit Schwächeren zu solidarisieren waren Kennzeichen emanzipatorischen Bewusstseins und Handelns.

Emanzipation (vom Lateinischen: manus: Hand; emancipare: in die Selbständigkeit entlassen) sollte Ziel von Erziehung und Bildungsprozessen sein. Eine entsprechende Debatte brachte eine Humanisierung des Erziehungsverhaltens mit sich: Schläge, auch die »gsunde Watschn« (die gesunde Ohrfeige), anschreien, demütigen oder entwürdigende Strafen verloren ihre Dominanz. Die Rechte der Kinder wurden festgelegt. Publizistisch gewann Alexander S. Neill (1883 – 1973) mit seiner Schrift über »Summerhill« (1969) großen Einfluss. Demokratisierung, Mitbestimmung und Widerstand gegen autoritäres Verhalten begannen sich gegen jahrhundertealte militärische und obrigkeitshörige Sozialisation durchzusetzen. Das Verlangen nach unbedingtem Gehorsam, auch aus Angst vor dem »Tyrannen Kind«, begann einer Vorstellung von autonomer, selbstbestimmter Kindheit, zu weichen.

Als Vertreter der Dritten Welt, engagiert für die Analphabeten Südamerikas, fand Paulo Freire (1921 – 1997) mit seinem Buch »Pädagogik der Unterdrückten« (1970) weltweit Gehör. Er zeigte Unrecht nicht nur bezüglich Bildung auf, sondern brachte fehlende Bildung mit sozialer Benachteiligung in Zusammenhang. Freire verwies aber auch darauf, dass die Unterdrückten den eigenen Anteil, der sie in diese Situation gebracht hatte, nicht übersehen sollten.

Im nordamerikanischen und im europäischen Raum führte dieses Thema zur Frage, wie es um die Chancengleichheit und um die Gerechtigkeit beim Zugang zum Bildungswesen bestellt sei. Vor allem die wissenschaftlichen Befunde zum Thema Sozialisation sollten belegen, dass die gesellschaftlichen Strukturen und Verhältnisse nicht nur das Aufwachsen und die Lebenschancen mitbestimmen. Sie selbst unterliegen auch Veränderungen, sie können beeinflusst und Interventionen zugänglich werden. Beispielhaft waren der programmatische Titel und der Inhalt eines Buches zur Situation von Mädchen und Frauen: »Wir werden nicht als Mädchen geboren, wir werden dazu gemacht«, 1977 verfasst von der Psychologin Ursula Scheu. Die gesellschaftliche Ordnung wurde nicht mehr als eine gottgewollte (»Kaiser von Gottes Gnaden«) interpretiert. Nein, sie lag in der Verantwortung von Menschen, die, geleitet von ihren Bedürfnissen und Interessen, Rechenschaft für ihre Handlungen schuldig waren.

Die soziale Bewegung der Emanzipation hatte schon große Zeiträume, Anstrengungen und Opfer hinter sich gebracht, als sie in der zweiten Hälfte des 20. Jahrhunderts in sozialwissenschaftlicher und besonders eben auch in pädagogischer Fachliteratur ihren Niederschlag fand. Im Laufe der Jahrhunderte war Emanzipation ein sozialer Kampf gegen Entrechtung, Unterdrückung, Abhängigkeit, Ausbeutung und Entfremdung gewesen. Ein Kampf, der immer auch Menschenleben forderte.

Haben sich diese Kämpfe »gelohnt«? Das ist schwer zu beantworten. Eine gewisse fortschreitende Demokratisierung in Verbindung mit der Etablierung eines umfassenden Bildungswesens ist nicht in Abrede zu stellen. Ich meine, wir sollten diesen gesellschaftlichen Status akzeptieren und ihn als Ausgangspunkt für weitere emanzipatorische Bemühungen betrachten. Denn in welcher Gesellschaftsform würden wir wohl ohne diese sozialen Kämpfe leben?

Humaner Fortschritt

Soziale Bewegungen, Kämpfe um bessere Lebensbedingungen, Beteiligung an der Macht, Anspruch auf Religionsfreiheit, gerechte Verteilung materieller Güter, Achtung für und vor jedem Menschen – all dies drückt sich im Laufe der Geschichte der Menschen in unterschiedlichen Formen der Gewalt aus. Unsere europäische Geschichte ist voll davon und seit etwa 1500 haben wir die ganze Welt in die europäischen Kämpfe und Interessen einbezogen. Ob wir von einem humanen Fortschritt sprechen können, scheint mir sehr fraglich. Die beiden großen Weltkriege im 20. Jahrhundert, die Konzentrationslager und Gulags, die Atombombenabwürfe auf Japan, die fortgesetzte Zerstörung der Umwelt oder die sich ständig weitende globale und nationale Kluft zwischen Arm und Reich lassen nur negative Gefühle aufkommen. Kann man die letzte nun schon bald siebzig Jahre währende Friedensperiode in Europa dagegen halten? Vielleicht – auf alle Fälle mit der Einschränkung, dass für unseren ökonomischen Wohlstand andere Bewohner des Erdballs, einen hohen Preis zahlen. Sei es aufgrund von uns verursachter Umweltprobleme oder weil sie ihre

eigene Wirtschaft wegen unserer Ausbeutung nur wenig entwickeln können.
Norbert Elias (1897 – 1990) legt in seinen soziologischen Studien »Über den Prozess der Zivilisation« (1978) die Ansicht vor, unsere europäischen Gesellschaften befinden sich in einem Prozess der Zivilisierung. Das betrifft die Kontrolle des menschlichen Verhaltens, die Psychogenese, ebenso wie die Herausformung von Staaten und die Verteilung von Macht, die Soziogenese. So wie die Gewaltanwendung zunehmend einer öffentlich-rechtlichen Kontrolle unterliegt, gäbe es beim Einzelnen eine gegenüber früheren Epochen deutliche Selbstkontrolle. Letzteres bezieht sich auf Gewalt gegenüber Mitmenschen, auf das Ausüben von Sexualität oder auf Essensformen. Es bauen sich private Bereiche auf, die den Blicken der Öffentlichkeit entzogen werden. Daraus entsteht ein wachsendes Netz an Interdependenzen – an Abhängigkeiten und Gegenabhängigkeiten – worin die Menschen eingebettet werden.
Der Soziologe Ulrich Beck hat in seinem Bestseller, »Risikogesellschaft« (1986), diese Verflechtungen des modernen Individuums erkannt und benannt. Er verzeichnet eine zunehmende Individualisierung, die aber auch mit Standardisierung und Institutionalisierung einhergeht. Das Neuartige daran ist, wie die bislang getrennten Sphären des Privaten und Öffentlichen ineinander übergehen. Daraus, so Beck, ergibt sich Abhängigkeit der Individuen von Institutionen: »Die freigesetzten Individuen werden arbeitsmarktabhängig und deshalb bildungsabhängig, konsumabhängig, abhängig von sozialrechtlichen Regelungen und Versorgungen, von Verkehrsplanungen, Konsumangeboten, Möglichkeiten und Moden in der medizinischen, psychologischen und pädagogischen Beratung und Betreuung. Dies alles verweist auf die institutionenabhängige Kontrollstruktur von Individuallagen, Individualisierung wird zur fortgeschrittensten Form markt-, rechts-, bildungs- usw. –abhängiger Vergesellschaftung.« (Beck, 1986, S. 210).

Zeitraffer

Doch betrachten wir kurz im Zeitraffer einige historische einflussreiche Persönlichkeiten und Ereignisse, die als Emanzipationsbewegungen oder als Reaktion darauf den Weg zur heutigen Zivilgesellschaft markieren. Parallel dazu finden sich Hinweise auf Entwicklungen bezüglich des Erziehungs- und Bildungswesens.

Bauernaufstände im 15., 16. Jhdt. Kampf um bessere Lebensbedingungen	Memmingen (1525): die erste Niederschrift von Menschenrechten in Europa Erasmus von Rotterdam (1465 – 1536) Comenius (1592 – 1670)
Reformation 95 Thesen (1517) Kampf um Religionsfreiheit	Martin Luther (1483 – 1546) Philipp Melanchton (1497-1560) Alphabetisierung Deutschlands
Gründung der englischen Republik Hinrichtung Charles I (1649) Beginn der Demokratieentwicklung	Oliver Cromwell (1599 – 1658) John Locke (1632 – 1704)
Bürgertum – Handwerk – Handel Orientierung am Diesseits Beteiligung an der Macht Ablehnung der Vorherrschaft von Adel und Klerus	Immanuel Kant (1724-1804) Joachim Heinrich Campe (1746 – 1818) Wilhelm von Humboldt (1767 – 1835) Alexander von Humboldt (1769 – 1859)

Amerikanische Unabhängigkeitserklärung – 4. Juli 1776	»Bill of Rights« – Menschenrechte
Französische Revolution 1789 – 1799 Abschaffung des feudalabsolutistischen Ständestaates	Erklärung der Menschenrechte 1789 Voltaire (1694 – 1778) Jean-Jaques Rousseau (1712 – 1778) Denis Diderot (1713 – 1784)
Industrialisierung schafft Arbeiterklasse Reduktion und Verbot von Kinderarbeit	Arbeitervereine (ab Ende des 18. Jhdts.) Schulpflicht in Preußen (1717/1763) Unterrichtspflicht in Österreich (1774)
Februar-/Märzrevolution 1848/1849 Widerstand gegen Ausbeutung, Elend und Unterdrückung	Arbeiterbildungsvereine entstehen ab 1833 in Deutschland Kommunistisches Manifest (1848) Karl Marx (1818 – 1883) Friedrich Engels (1820 – 1895)
Nationalismus, nationale Bewegungen Unabhängigkeitskriege im 19. Jhdt.	Besinnung auf nationale Geschichte und Nationalsprachen

Liberalismus – Demokratisierung Verstädterung – Urbanisierung	Staatsgrundgesetz 1867 (in Österreich) gewährt Versammlungsfreiheit und Zusammenschluss von Personen mit gemeinsamen Zielen in Vereinen – Grundlage der Erwachsenenbildung als Organisation
Wahlrecht für Männer (1907) für Frauen (1918)	Moderne Reformpädagogik Sigmund Freud (1856 – 1939) Maria Montessori (1870 – 1952)
Erster Weltkrieg (1914 – 1918) Zweiter Weltkrieg (1939 – 1945)	Faschismus, Nationalsozialismus Ermordung und Vertreibung
Re-Demokratisierung (nach 1945)	Ökonomisierung von Lebensstilen und Werten
Europäische Union Beitritt Österreichs 1995	Neoliberalismus Bildung als Ware und öffentliches Gut
Globalisierung	Migration – Diversity – Entgrenzung

Die Geschichte trug sich allerdings widersprüchlich zu. Sie führte nie geradewegs zu Erfolgen, sondern war vom Streit und dem unterschiedlichen Durchsetzungsvermögen verschiedener Interessengruppen gekennzeichnet. Insofern ist eine klare Antwort, ob es einen Fortschritt der Menschheit oder zumindest einiger ihrer Gesellschaften zu mehr sozialer Gerechtigkeit und Anerkennung individueller Lebensformen gibt, meines Erachtens nicht klar zu beantworten. Denn die im letzten Jahrhundert

geführten beiden Weltkriege, die damit einhergehende Vernichtung von Menschen aber auch die ständigen, weltweiten Ausbrüche an Gewalt in den letzten Jahrzehnten lassen mich einen »Fortschritt der Menschheit« in Zweifel ziehen.
Nicht zuletzt haben sich die Rahmenbedingungen verändert. In den letzten einhundert Jahren ist die Weltbevölkerung von zwei auf sieben Milliarden Menschen angestiegen. Die politischen Gewichte haben sich zu neuen »global players« verlagert – sie stehen gänzlich anderen Herausforderungen gegenüber.
Bildungs- und Lernprozesse sehe ich deshalb auch nicht als Mittel der Weltverbesserung. Ich halte sie für notwendig, damit sich der Zustand der Welt nicht verschlimmert. Wir brauchen Erziehung und Bildung, um ein gewisses Maß bereits erreichten humanen Verhaltens nicht zu unterschreiten und zu gefährden. Politische Bildung sollte gezielt die jungen Generationen über den Zustand der Welt aufklären und sie unterstützen humane Lebensformen zu gestalten.

Soziale Kälte

Das Erbe der Aufklärung besteht im Mut zum eigenen Urteil, in der Freude an Selbstbestimmung und in der Überzeugung gegen selbsternannte dominante Autoritäten aufzutreten. Dort, wo sich berechnende Rationalität durchgesetzt hat, wo gefühllos der Verstand seinen Vorteil sucht und dem Erreichen eines Zieles jedes Opfer bringt, hat sich eine totalitäre Herrschaft der Vernunft ausgebreitet, die gnadenlos Menschen preisgibt. Das warf man schon den Protagonisten der Französischen Revolution vor, die letztlich ihre Kinder fraß, wie den totalitären Systemen des letzten Jahrhunderts. Theodor W. Adorno (1903 – 1969) und Max Horkheimer (1895 – 1973) haben dies als »Dialektik der Aufklärung« (1944) bezeichnet.
Der engagierte Gesellschaftskritiker Adorno hat in einer seiner berühmten Radioreden, »Erziehung nach Auschwitz«, die Kälte

angeprangert, die das Bewusstsein der Menschen und ihr Verhalten gegenüber anderen, also auch in der Erziehung charakterisiert. Adorno beklagt nicht nur die gefühllose Hingabe an die Technik. Er benennt auch Ursachen für die sozialen Abscheulichkeiten im 20. Jahrhundert: »Die Gesellschaft in ihrer gegenwärtigen Gestalt – und wohl seit Jahrtausenden – beruht nicht, wie seit Aristoteles ideologisch unterstellt wurde, auf Anziehung, auf Attraktion, sondern auf der Verfolgung des je eigenen Interesses gegen die Interessen aller anderen. Das hat im Charakter der Menschen bis in ihr Innerstes hinein sich niedergeschlagen.« (Adorno, 1971, S. 101).

Wenn die Menschen zusammenhalten, versteht dies Adorno als Reaktion, weil sie die eigene Kälte nicht ertragen. Die Ursache für den Egoismus der Menschen sieht der Sozialphilosoph darin, dass die Menschen sich zu wenig geliebt fühlen – und zu wenig lieben können. Sie sind unfähig sich mit anderen zu identifizieren. Heute würde er wahrscheinlich von fehlender Empathie sprechen. Darin liegt auch nach Meinung Adornos die Begründung, wieso Auschwitz in einer Kulturnation möglich sein konnte.

Gibt es Schutz gegen dieses kollektive Verhalten? Adorno sieht einen einzigen Weg (ebd., S. 93): »Die einzig wahrhafte Kraft gegen das Prinzip von Auschwitz wäre Autonomie, wenn ich den Kantischen Ausdruck verwenden darf; die Kraft zur Reflexion, zur Selbstbestimmung, zum Nicht-Mitmachen.«

Dies ist ein Plädoyer für Bildungs- und Lernprozesse, die das Individuum in seiner Autonomie und in seinem Selbstvertrauen, aber auch in seiner sozialen Verantwortung und kollektiven Solidarität stärken.

Gärten

In seinem Buch über »Gärten« (2010), das er auch als »Ein Versuch über das Wesen der Menschen« bezeichnet, kommt der Literaturwissenschaftler Robert Harrison (geb. 1954) hinsichtlich kalter menschlicher Überheblichkeit zu einem ähnlichen Urteil. Er konstatiert einen Hochmut und eine Vorstellung von menschlicher Allmacht, die mit der Epoche der Aufklärung einhergehen. Harrison erklärt dies am Beispiel der Entstehung von Versailles. Ludwig der XIV. (1638 – 1715) ärgerte sich über die schönen Gärten seines Finanzministers Nicolas Fouquet (1615 – 1680), der offensichtlich viel Staatsgeld in seine privaten Kassen umgeleitet hatte. Der Minister hatte den Park Vaux-le-Vicomte so prachtvoll erbauen lassen, dass es der Sonnenkönig als Beleidigung empfand. Denn die Quellen des Reichtums waren Bereicherung und finanzielle Unterschlagungen. Fouquet bekam den Zorn seines Herrschers zu spüren und ging bis zum Lebensende ins Gefängnis. Der für den Park verantwortliche und durchaus erfolgreiche Architekt André Le Notre (1613 – 1700) musste mit seinen Helfern ihre gesamte Gartenkunst auf Versailles übertragen und dieses neu entwerfen. Die heutige Pracht beruht also auf Neid, Eifersucht und Rivalität, meint der Autor, sowie auf absolutistischer Machtanmaßung. Sie repräsentiert einen Hochmut, der den Sonnenkönig in seiner Verwandtschaft mit Gott bestätigen und verherrlichen wollte.

Doch Harrison hebt noch eine andere Art von Hochmut hervor: »Ich meine den heftig humanistischen Hochmut, der im sogenannten Zeitalter der Vernunft seinen Anfang nahm und der die Menschheit in triumphalistischem Ton zu ‚Herrn und Eigentümern der Natur' erklärte und die Menschen dazu aufforderte, diese Herrschaft und Eigentümerschaft durch eine wissenschaftlich angereicherte Ausübung von Macht und Willen, oder kurz von Willen zur Macht, zu verfolgen.« (Harrison, 2007, S. 168). Die Anmaßung des Zeitalters setzt sich fort, indem Kontrolle über die Natur ausgeübt wird. Es wird als Recht der Menschen, insbesonders der europäischen, verstanden sich die Natur zu unterwerfen. Harrison urteilt (ebd., S. 169): »Bei all seiner perversen Schönheit und wundersamen Verwandlung des Hochmuts wird Versailles uns keine große Hilfe sein, wenn es darum geht,

ein weniger anmaßendes Verhältnis zur Natur zu finden als dasjenige, welches uns jene Ära hinterlassen hat.«
So kann auch ein Blick auf das Erbe des pädagogischen Denkens aus dieser Zeit geworfen werden. Nicht nur die Natur kann im Projekt des Gartens gestaltet und verbessert werden – auch der Mensch. Er wird zum lernenden Objekt, das durch Erziehung und Schule, durch Bildungskanon und Wissen geformt wird. Zurück zur Natur, bedeutet in der Pädagogik auch den Menschen als Teil eines Gartens zu verstehen, der den Zielen des Gärtners angepasst wird. Der Hochmut besteht darin, mit dem Anspruch, den Weg zu einer besseren Welt zu wissen, Menschen durch Lernen in eigens dafür eingerichteten Institutionen zu disziplinieren. Die Menschen werden regiert – humane Bildung folgt jedoch dem Motto: Regiere dich selbst!

Coole Gesellschaft

Demokratie ist eine Gesellschaftsordnung, die jeden Tag Lern- und Bildungsprozesse von uns verlangt. Die Bedürfnisse anderer zu achten, sich in ihre Vorstellungen einzufühlen – als Empathie bezeichnet – und viel Geduld gehören dazu.
Wenn wir vom idealen Dasein sprechen, kommen wir diesen Zielen näher. Im religiösen oder philosophischen Zusammenhang wird vorgeschlagen sich von irdischen Bindungen zu lösen, gelassen gegenüber den Verlockungen der Welt zu bleiben und uns auf ein Jenseits, ein Paradies oder Nirwana vorzubereiten. Wer sich im Diesseits bewegen, gestalten, wehren und bewähren will, den berühren und beschäftigen die Lebensbedingungen.
Wir werden zu politischen Menschen, wenn wir mit anderen über diese Bedingungen reden, nachdenken oder sie beeinflussen. Ein politischer Mensch zu sein ist eine komplexe Aufgabe. Wollen wir demokratische Verhältnisse erhalten, ausbauen und verbessern, bedarf es des Zusammenwirkens vieler Menschen, um dies zu erreichen.

Ein Problem unserer gegenwärtigen individualisierten, in Arme und Reiche gespaltenen Gesellschaft besteht darin, dass gemeinsame, alle umfassende Ziele zugunsten von Gruppeninteressen und einzelnen Individuen verloren gehen. Die Wünsche der Einzelnen kommen vor den Anliegen des Gemeinwohls. Nicht mehr »Liebe Deinen Nächsten wie dich selbst«, sondern »Liebe Dich selbst ohne Rücksicht auf Deine Nächsten«, scheint sich als gesellschaftlicher Wert durchgesetzt zu haben. Eine coole, teilnahmslose Gesellschaft zeichnet sich ab – spendenfreudig doch auf Distanz zum »Nächsten«.

Im 19. Jahrhundert wurde noch der Klassencharakter der Gesellschaft betont. Es bestand die Hoffnung, die Arbeiterklasse werde in solidarischer, internationaler Anstrengung, die damals bestehende Gesellschaftsordnung revolutionär umstürzen und nach dieser Umwälzung werde anstelle der kapitalistischen eine neue, gerechte Gesellschaft entstehen, in der Privateigentum eine geringere, soziale Gerechtigkeit hingegen eine größere Rolle spielen werde. Der Begriff »Klasse« hatte einen politischen-kämpferischen Inhalt, der die bestehende Gesellschaftsordnung als ungerechtes Machtgefüge bloßstellte. Klasse signalisierte den Zusammenhalt und die Solidarität zwischen den weniger Begünstigten, die ihre Arbeitskraft um jeden Preis verkaufen mussten.

Der im 20. Jahrhundert verwendete Begriff der »Schicht« hat seinen politischen Inhalt verloren. Er erwies sich als beschreibend und zuordnend, teilt die Menschen in oben und unten ein. Allenfalls war es hilfreich aufmerksam zu machen, wie die gesellschaftliche Verteilung von z.B. Einkommen, Bildung, Lebensstandard oder Krankheit und Wohnverhältnisse gegeben ist. Man gehörte eben zu einer Schicht, der aber kam keine politische Dynamik und nur wenig gefühlsmäßige Bindung zu.

In den letzten Jahrzehnten des 20. Jahrhunderts entspricht den zunehmend differenzierten Industriegesellschaften die soziologische Kategorie »Milieu«. Ähnliche Verhaltensweisen, Interessen, materielle Bedingungen oder Bildungsbestrebungen

zeichnen die Zugehörigen zu den Milieus aus. In der Weiterbildung erhofft man sich durch diese Kategorie eine nähere Bestimmung des Klientels, um Bildungsangebote für Zielgruppen optimal zu platzieren. Doch eine emotionale Bindung oder eine politische Solidarität ist im »Milieu« nur schwer feststellbar.
Kennzeichen dieser skizzierten Entwicklung ist der Wandel in der Erwartung, welche Kräfte gesellschaftliche Veränderung bewirken. Es ist auch eine Veränderung in der Bewertung von Utopien. Auf philosophischer Ebene griff Ernst Bloch (1885 – 1977) die revolutionäre Perspektive mit seinem »Prinzip Hoffnung« (1954) auf. Für ihn war klar, dass die neue Gesellschaft, die nach der Revolution besteht, noch nicht beschrieben werden kann. Erst wenn sich der Rauch der Revolution verzogen habe, werde zu sehen sein, was herauskommt.
Gegen dieses soziale Risiko hat Hans Jonas (1903 – 1993), ebenfalls renommierter Philosoph, mit seinem »Prinzip Verantwortung« (1979) Stellung bezogen. Er verlangt Handlungen vom Menschen, deren Wirkungen die Dauer echten menschlichen Lebens auf der Erde ermöglichen. Aus heutiger Sicht ist er als Philosoph der Nachhaltigkeit zu bezeichnen.
Doch weder die »revolutionäre« noch die »verantwortliche« Position scheinen heute ausreichend emotionales Potential zu schaffen, das Menschen zu politisch wirksamen sozialen Bewegungen anregt.

Demokratie empfinden

Demokratie ist ein Geschenk. Demokratie ist kein Geschenk. Sie ist ein Geschenk für uns Nachgeborene: Wir, in Österreich, wurden ab 1945, dem Ende des Zweiten Weltkrieges, in sie hineingeboren. Sie ist kein Geschenk, weil wir uns ständig um sie bemühen müssen. Sie beruht auf dem Widerstreit von Interessen, auf dem Aushandeln von Konflikten, auf ständiger Information und Kommunikation. Sie braucht mutige Menschen, die sich für andere einsetzen, Ungerechtigkeiten aufzeigen, Verantwortung und Leitungsfunktion übernehmen, Menschen, die Macht teilen und kontrollieren. Demokratie ist nichts Endgültiges, sondern muss täglich verteidigt, erworben und verbessert werden. Deshalb braucht sie viele Menschen, die für diese Prozesse und Vorgänge Verständnis und Interesse an der eigenen Autonomie haben. Menschen, die sich informieren und ein Urteil bilden, die mitentscheiden, mitverantworten und mitreden wollen.

Ein demokratischer Staat ist ein Gebilde, in dem wir InteressenvertreterInnen wählen, diesen vertrauen – aber auch uns selbst beteiligen. Es gibt keine dauerhafte Garantie für Gerechtigkeit. Wir müssen uns ständig um sie bemühen.

Ein Staatenkomplex wie die Europäische Union mit 27 Staaten und über 500 Millionen EinwohnerInnen – das ist eine Herausforderung an jede und jeden Einzelnen, das »Geschenk« Demokratie als lebbare Staatsform zu erhalten. Das geht nicht ohne soziale Sicherheit und nicht ohne das Gefühl, am allgemeinen Wohlstand beteiligt zu sein.

Dafür zu lernen gibt es genug. Das Sachliche, was man alles über Europa, seine Staaten und ihre Geschichte, über Europas Wirtschaft und Außenbeziehungen, über sein Parlament und seine Menschen wissen kann, steht in vielen Büchern und Lehrplänen. Doch wo lernen wir die Gefühle der Menschen zu achten, die sich um ihre Arbeitsplätze, um ihre Versorgung im Alter, um die Zerstörung ihrer Umwelt oder um die Zukunft ihrer Kinder sorgen?

Das ist ein gutes Beispiel, wo Politische Bildung im Sinne aufklärender Vermittlung von Wissen nicht ausreichend dem, was Menschen brauchen, entspricht. Sie brauchen eine »emotionale Aufklärung«. Gelegenheiten, wo sie ihre Ängste und Gefühle äußern können, wo sie ihre Vermutungen vorbringen und sich mit anderen austauschen können, wo sie in Gesprächen ihre Lebenssituationen, Konflikte und Ereignisse, nicht als Einzelschicksal sondern als Teil einer Gemeinschaft erkennen.

Bildungsprozesse berühren das rationale Vermögen und den emotionalen Haushalt. Lehrenden, die das berücksichtigen, zeigt das positive Feedback der Lernenden, dass sie auf einem guten Weg sind.

Ungleiche Gleiche

Niemand hat sich ausgewählt auf die Welt zu kommen. Niemand hat sich für die Lebensumstände entschieden, in die sie oder er hineingeboren wurde. Das macht uns Menschen alle gleich. Ungleich sind wir in der Art und Weise, wie wir im Leben zurechtkommen, wie wir unsere Bedürfnisse befriedigen, unseren Trieben folgen, uns von Vorgaben anderer Menschen leiten lassen – ungleich sind wir, wie wir unsere Identität erleben, unsere Individualität ausleben, wie wir mit anderen zusammenleben, wie wir uns mit anderen und der Welt in Beziehung setzen.
Das können wir moderne Menschen gut einsehen. Wir gleichen uns in unserer Ungleichheit. Wir sind Masse, aber in dieser versuchen wir möglichst individuell zu existieren.
Wir lernen und wir bilden uns individuell, doch wir versuchen ein Unterrichts- und Bildungswesen zu organisieren, das für alle gerecht vorgeht, gleiche Chancen verspricht und trotzdem individuelle Entwicklungen nicht behindert sondern fördert. Wir merken, das ist viel verlangt und enthält Widersprüche.
Suchen wir als moderne Menschen eine Orientierung, die nicht unmittelbar einer Religion oder Philosophie entnommen ist, so können wir uns auf die allgemeinen Menschenrechte, akzeptiert von der Generalversammlung der Vereinten Nationen, am 10. Dezember 1948, beziehen. Diese gehen davon aus, dass jede Person ihre eigene Würde und ihren eigenen Wert hat. Artikel 1 lautet: »Alle Menschen sind frei und gleich an Würde und Rechten geboren. Sie sind mit Vernunft und Gewissen begabt und sollen einander im Geiste der Brüderlichkeit begegnen.«
Auch das »Recht auf Bildung« wurde als ein eigenes Menschen-

recht festgelegt (Artikel 26):

- Jeder hat das Recht auf Bildung. Die Bildung ist unentgeltlich, zum mindesten der Grundschulunterricht und die grundlegende Bildung. Der Grundschulunterricht ist obligatorisch. Fach- und Berufsschulunterricht müssen allgemein verfügbar gemacht werden, und der Hochschulunterricht muss allen gleichermaßen entsprechend ihren Fähigkeiten offenstehen.
- Die Bildung muss auf die volle Entfaltung der menschlichen Persönlichkeit und auf die Stärkung der Achtung vor den Menschenrechten und Grundfreiheiten gerichtet sein. Sie muss zu Verständnis, Toleranz und Freundschaft zwischen allen Nationen und allen rassischen oder religiösen Gruppen beitragen und der Tätigkeit der Vereinten Nationen für die Wahrung des Friedens förderlich sein.
- Die Eltern haben ein vorrangiges Recht, die Art der Bildung zu wählen, die ihren Kindern zuteilwerden soll.

Ein Menschenbild und ein Gesellschaftsbild, die sich daraus ableiten lassen, basieren auf der Ermöglichung eines Lebens, das selbstverantwortlich, selbstbestimmt und autonom geführt werden kann. Es berücksichtigt andere Menschen in eben diesen Zielen nicht zu beeinträchtigen.

Politische Menschen

Wir leben in einer modernen Gesellschaft. Das heißt nach unserem Maßstab auf der Höhe der Zeit zu leben. Wir zählen Gesellschaften dazu, die von Medien durchwoben sind, über eigenständige Verkehrsmittel und –wege verfügen, eine unabhängige Gerichtsbarkeit haben, ein Vorsorgesystem für Alte und Kranke besitzen, die die Bevölkerung alphabetisieren, mit Grundbildung versorgen und weiterführende Bildungswege anbieten.

Doch vielleicht werden wir aus Sicht anderer Länder und Kulturen nicht für modern gehalten, da wir alkoholisiert mit dem

Auto fahren, Kinder sexuell missbrauchen, Atomwaffen produzieren, um Arbeitsplätze konkurrieren, die Umwelt zerstören, den wachsenden Unterschied zwischen Arm und Reich zulassen. In Hinblick auf das Einhalten humaner Werte und die Einlösung der Menschenrechte fehlt uns selbsternannten modernen und sogar postmodernen Gesellschaften noch einiges, um tatsächlich auf der Höhe der Zeit einer möglichen humanen Entwicklung zu sein.
Politische Bildung kann die Differenzen aufzeigen – Lösungen müssen wir finden und leben. Dies zeigt Handeln als Dimension von Bildung auf. Wie kann aufgeklärtes Wissen und Empfinden gesellschaftliche Wirkung bekommen?
Wir sind politische Menschen, ob wir es wollen oder nicht! Diese Einsicht beruht auf politischen Gedanken, die die Formen, wie wir miteinander leben und das eigene Leben führen, betreffen. Die eigenen Interessen und Bedürfnisse zu befriedigen setzt voraus, so könnten die Menschen gelernt haben, Bedürfnisse und Interessen ihrer Mitmenschen zu achten und nicht zu unterdrücken. Miteinander gut auszukommen braucht Rücksicht aufeinander und Wissen voneinander. Dies kann durch Kommunikation geschehen.
Mensch sein bringt die Verpflichtung und Verantwortung mit sich, ein politischer Mensch zu sein. Sehr ausführlich hat dies zuletzt der Soziologe Oskar Negt (geb. 1934) untersucht. Die Frage, die ihn dabei bewegt, lautet (2010, S. 15): »Ich suche nach Antworten auf die Frage, warum Menschen unter bestimmten Bedingungen ihren politischen Verstand verlieren und andere, die als politisch Handelnde überhaupt nicht in Erscheinung getreten sind, politische Urteilskraft zeigen und praktizieren – unter Umständen sogar unter Einsatz ihres Lebens.«
Wenn ich Oskar Negt richtig interpretiere, gibt es natürlich keine klare und eindeutige Antwort auf seine Frage – wir hätten sie ansonsten doch sicherlich längst in unser Handeln eingebaut. Aber es gibt Festlegungen, Überzeugungen, Entscheidungen, Hoffnungen. Es gibt die Erfahrung, dass, besonders in unserer

Geschichte ab der Aufklärung, die Menschen auf ihre eigene Vernunft, ihren Verstand, ihre Selbstbestimmung vertrauen, sich für ihr Verhalten entscheiden und dafür Verantwortung übernehmen. Bildung, speziell politische Bildung, ist dafür ein sinnvolles Mittel, um politische Verhältnisse zu analysieren sowie Handlungen zu planen und zu reflektieren. Oskar Negt unterlegt ihr eine klare Aufgabe und einen eindeutigen Sinn (ebd., S. 34): »Die Welt friedensfähiger zu machen, ist daher Grundlage der Notwendigkeit von Bildung.« Für diese Zielsetzung, meint der Sozialwissenschaftler, darf auf zwei Elemente der bürgerlichen Bildungstradition nicht verzichtet werden – Zusammenhänge in der Welt zu erkennen und Urteilskraft zu entfalten.

GLOBALISIERUNG

Kolonialisierung
Unterwerfung
Ständiger Wandel
Auf der Höhe der Zeit
Moderne
Mittel zum Zweck
Wissen und Macht
Postmoderne
Halbbildung
Fenster zur Welt
Internationale Trends

Kolonialisierung

Die Ausdehnung des Menschen über die ganze von ihm bewohnbare Welt ist wohl die erste und ursprüngliche Globalisierung. Sie stellt eine Besiedelung, eine Besitznahme dar, bei der sich der Mensch gegen alle anderen Lebensformen behaupten musste. Die Domestizierung von Tieren, die er unterwarf und in Dienst nahm oder die Nutzung von Wald und Boden waren Voraussetzungen für Sesshaftigkeit, stabile Versorgung, für die Entwicklung von Städten. Wege und Straßen wurden ausgebaut, auf denen Händler ihre Waren transportieren und sich ferne Märkte erschließen konnten. Ein bekanntes Beispiel ist die Seidenstraße, ein riesiges Verkehrsnetz, das sich mit unterschiedlichen Routen über Land und Wasser vom Mittelmeer bis Ostasien erstreckte. Verknüpft war sie mit Wegen für andere Handelsgüter, die namensgebend waren: die Pelzstraße, von Sibirien nach Süden, die Weihrauchstraße, die in Südarabien begann, oder die Bernsteinstraße, die an die Ostsee führte (vgl. Höllmann, 2007). Die europäische Eroberung der Welt setzte mit gezielten Seereisen ein, die im 15. Jahrhundert von Portugal ihren Ausgang nahmen. Sie eröffneten langsam den Weg an der Westküste Afrikas. Da durch das Osmanische Reich der traditionelle Landweg von Europa nach Osten erschwert und die Zölle erhöht worden waren, wurde zur See eine alternative Route gesucht. Einer Expedition, anfangs unter Ferdinand Magellan (1480 – 1521), gelang diese Reise nach Indien erstmals im Rahmen einer Weltumsegelung (1519 – 1522). Historischer Markstein war zuvor die Entdeckung Amerikas ab 1492, verbunden mit dem Namen Christoph Columbus (1451 – 1506). Die europäische Kolonisierung der Welt, begleitet von Mord, Totschlag, Versklavung, kultureller und religiöser Unterwerfung, sollte die Herrschaft in den Heimatländern absichern. Kriege, die die Europäer gegeneinander führten, setzten sie in den Kolonien fort. Junge Menschen wurden von ihren europäischen Fürsten als Soldaten nach Übersee verkauft. Unliebsame Europäer – Kriminelle, Demokraten,

Widerständige, Andersgläubige – wurden dorthin abgeschoben und verbannt. Oder sie flüchteten in diese »Neue Welt« vor Verfolgung und Nachstellung in ihrem Heimatland.

Die ferne Fremde war auch Anziehungspunkt für Menschen, die sich ein neues Leben aufbauen wollten, die sich mit ihren Glaubensbrüdern und –schwestern eine neue Heimat schufen oder auf der Suche nach Abenteuer, materiellem Reichtum und Glück ihre europäische Überlegenheit ausleben wollten. Bei allem Glauben an die Freude am Abenteuer und an die Lust des Entdeckens sollten wir das Begehren nach Gold und anderen Edelmetallen als wichtige Triebkraft nicht unterschätzen. »Gold Rush« war im 19. Jahrhundert eine Bewegung, die Zehntausende erfasste, neue Besiedlungen in den USA und Australien auslöste und, sowie auch die Suche nach Diamanten, viele Menschen ihr Leben riskieren ließ.

Im Widerstand gegen die Abhängigkeit von Europa entstanden die Vereinigten Staaten (ab 1776). Die Menschenrechte wurden im Zusammenhang mit der Unabhängigkeitserklärung festgelegt. Die USA entwickelten sich zur heute größten Volkswirtschaft, zu einer Weltmacht, die dominant ihre Interessen vertritt, über die Jahrhunderte aber auch Zuflucht und den Aufbau einer neuen Existenz für viele Menschen ermöglichte.

Die materielle Kolonialisierung und die weltweite Inbesitznahme von Ländern ging mit einer geistigen Kolonialisierung einher. Nicht zu vergessen ist das Arrangement der Europäer und später der US-Amerikaner mit denjenigen Kräften und Gruppen eines Landes, die über die eigene Bevölkerung Macht und Herrschaft ausübten. Widerstand wurde und wird – denn diese Interessen bestimmen noch immer die Weltpolitik – vernichtet: durch Geld, durch Krieg, durch Staatsstreich, durch Mord ...

Handel zu betreiben galt als Grundlage für eine selbständige, prosperierende Wirtschaft, demokratische Verhältnisse zu schaffen als politisches Ziel der Befreiung. Beides wird bis heute propagiert, um gegenüber der eigenen Bevölkerung Interventionen in anderen Ländern zu legitimieren. In der jüngsten Gegenwart ist es das Etikett des »Bösen« (Bedrohung durch Vernichtungswaffen, durch Terrorismus, durch aggressive Religion), die den selbst ernannten »Guten« erlauben, Angriffe zu rechtfertigen. Doch noch immer geht es darum, sich strategische Vorteile sowie ökonomische Überlegenheit durch die Sicherung von Rohstoffen – z.B. Öl – zu verschaffen.

Unterwerfung

Eine besondere Rolle der Assimilation spielt dabei das Bildungswesen. Es ist Träger von Kultur, von Werten und von der Art, wie die Welt gesehen werden kann – also von Weltanschauungen. Es wirkt in unterschiedlicher Weise: über Schüler und Studierende, die ihre Heimat verlassen, um Bildung und Ausbildung woanders zu erhalten, durch Missionare und konfessionelle Schulen oder durch die Übernahme ausländischer Bildungssysteme. Vornehmlich treffen wir heute auf angloamerikanische Formen des Bildungswesens in der Welt, auch wenn sich Staaten, wie z.B. Japan, in diesen Strukturen ihre eigenen kulturellen Gepflogenheiten erhalten haben. »Brain drain«, die Abwanderung von AkademikerInnen, Intellektuellen oder FacharbeiterInnen, gehört heute zum bildungspolitischen Kalkül auf Weltniveau.

Seit Teile unserer Bevölkerung im Urlaub die Welt bereisen – ausgewählte Enklaven, Hotelressorts und bewachte Strände, nicht tatsächlich die Welt – könnten sie bemerken und vermitteln, wie groß die Unterschiede im Lebensstandard sind. Bilder und Berichte von Bekannten, von Reisenden und in den Medien über das Elend in der Welt bringen uns nicht um den Schlaf. Unser Wohlleben haben wir uns, so meinen wir, durch den zufälligen Ort und Zeitpunkt unserer Geburt schwer verdient. Schließlich leisten wir auch unseren Anteil, wir arbeiten und stressen uns, wir schuften und überessen uns, wir erleben Burn-out und psychische Belastung, wir stehen selbst auf dünnem Eis oder sitzen im übervollen Boot. Ständig gefordert und gefährdet, so erleben sich viele von uns.

Die Geschichte der letzten 500 Jahre hat uns Europäern aber auch den US-Amerikanern ein Gefühl der Überlegenheit über andere mitgegeben. Für Europa wurde der präpotente Hochmut am Beispiel der Gartenanlage von Versailles vorhin schon angedeutet. Er liegt auch im Monotheismus begründet, in dem wir lernen uns einer höheren Macht zu unterwerfen, damit sie uns wohlgefällig ist. Das Bewusstsein, anderen Menschen überlegen oder sogar von der Vorsehung, dem Schicksal oder einem Gott ausersehen zu sein, andere Menschen aus ihrem Lebensraum zu verdrängen oder sie zu vernichten, begleitet uns jedoch durch die Jahrtausende. Eine wissenschaftlich dokumentierte Geschichte des Völkermords ist erst im Entstehen.

»Mache dir die Erde untertan«, begünstigt Einstellungen, die erlauben andere Menschen zu beherrschen, zu töten oder ihren Lebensraum zu zerstören. Die Mentalität unserer fernen Vorfahren, die wir noch bei sogenannten Naturvölkern zu entdecken glauben, war wohl eine andere. In Abhängigkeit von und in Beziehung zu ihrer natürlichen Umwelt, gingen sie davon aus für das, was sie von der Welt an Nahrung und zum Lebensgebrauch nahmen, auch etwas schuldig zu sein. Deshalb gaben sie der Welt durch Opfer etwas zurück. Erntedankfeste sind ein Relikt in unserer Kultur. Doch von dieser Beziehung zur Natur scheint sich der Großteil der Menschen in der industrialisierten Welt gelöst zu haben. Den Besitz ohne Rücksicht auf die Folgen für andere zu vermehren, ja sogar auf Kosten und zum Schaden der Konkurrenten und der eigenen ArbeitnehmerInnen, kennzeichnet das Selbstverständnis im Kapitalismus der letzten Jahrhunderte. Wer nicht zu den Verlierern und Ausgebeuteten gehören will, der soll sich auf die Spielregel des Wettbewerbs einlassen. Die Mentalität siegen zu wollen und nur den Besten zu huldigen hat von den Köpfen Besitz ergriffen.

Ständiger Wandel

Doch in der uns überlieferten Kulturgeschichte der Menschheit hat es immer Bestrebungen gegeben menschliches Leben human und würdevoll zu ermöglichen. Dazu gehört die Vorstellung vom gebildeten Menschen. Der gebildete Mensch und die gebildete Menschheit wurden zu einer Vision, wie Leben in Freiheit und Gerechtigkeit allumfassend geführt werden könnte. Folgt man den verschiedenen Ansprüchen an Bildung, wird besonders im Blick auf eine globalisierte Welt klar, dass es angebracht ist, von einem einheitlichen Bildungsbegriff Abschied zu nehmen. »Die Bildung« gibt es nicht. Es gibt unterschiedliche Interessengruppen, die ihren eigenen, richtigen, wahren, ehrlichen, legitimen Begriff der Bildung für sich beanspruchen.
Ich halte es für verständlich dies zu tun, wenn es nicht in einer totalitären, sektiererischen, alle anderen Formen ablehnenden Weise geschieht. Wenn wir Bildung in Vielfalt zulassen, akzeptieren wir auch eine Vielfalt von Menschen- und Gesellschaftsbildern. Dies heißt aber nicht Beliebigkeit. Wie finde ich die Differenz?
Ausgangspunkt sind Menschen- und Gesellschaftsbild. Die Vorstellungen von den Menschen und der Gesellschaft, die sie bilden sollen.
Wir sind nicht, wir werden.
Wir wandeln uns ständig, doch nehmen wir dies nicht ständig wahr. Wir sprechen von unserer Persönlichkeit und Identität. Damit drücken wir beständige Verhaltensformen, Eigenschaften und Verlässlichkeit aus. Wir bezeichnen uns als stabil und erachten es als positiven Wert, wenn sich andere auf das gegebene Wort, ein Versprechen oder auf Zusagen verlassen können. Wenn wir einen Menschen als instabil, unverlässlich oder unbeständig bezeichnen, so ist dies als negative Beurteilung zu bewerten.
Analog geht es uns mit dem Zustand einer Gesellschaft. Sie verändert sich ständig, doch wir schätzen die Beständigkeit. Der

Wandel geht vor sich, doch wir wollen ihn nicht spüren. Befinden wir uns allerdings in Situationen, die wenig erträglich sind, soll Reform, wenn nicht sogar Revolution, Abhilfe schaffen. Eine Bezeichnung, die sich in den letzten Jahren für gesellschaftliche Veränderungen durchgesetzt hat, ist Modernisierung. Sie bezieht sich auf kurzfristige Änderungen, gibt aber auch als Bezeichnung für die historische Epoche der Neuzeit, für die Entwicklung Europas in den Jahrhunderten seit dem Mittelalter.

Auf der Höhe der Zeit

Modernisierung meint einen Zustand »auf der Höhe der Zeit« herzustellen. Auf der Höhe der Zeit? Das ist nicht genau zu bestimmen, sondern von den jeweiligen Interessen und Sichtweisen abhängig. Eine Hilfe ist es, vom letzten technischen Stand, von neuesten wissenschaftlichen Erkenntnissen oder von aktuellen Modellen eines Modeschöpfers zu sprechen. Das lässt sich auch objektivieren. Wenn wir Strukturen verändern oder zum Beispiel das Bildungssystem »modernisieren« wollen, geht das gar nicht so eindeutig, weil unterschiedliche Beteiligte in unterschiedlicher Form für sich beanspruchen »auf der Höhe der Zeit« zu sein.

Auf alle Fälle ist Modernisierung mit dem Anspruch der Veränderung des Bisherigen verbunden, mit der Dynamik Bestehendes abzuschaffen und an dessen Stelle etwas Neues, Besseres und sogar Fortschrittlicheres zu setzen. Modernisierer umgeben sich mit der Aura verbesserte Zustände herzustellen. Sie stehen damit im Widerspruch zu einem Sinnspruch, der öfters von lebenserfahrenen Menschen zu hören ist: »Es kommt nichts Besseres nach.« Dieser Widerspruch verlangt Aufmerksamkeit, weil unter dem Titel der Modernisierung oft auch wohlerworbene Rechte, soziale Sicherheit oder mühsam erkämpfte Gerechtigkeit leiden. Unser Urteil und unsere Entscheidung sind gefordert, was sich hinter der jeweiligen Vorstellung von Modernisierung verbirgt.

Moderne

Aus soziologischer Sicht betrifft die »Modernisierung der Gesellschaft« zwei Aspekte:

- die Transformation der Gesellschaft in wirtschaftlicher Hinsicht;
- die Säkularisierung, das allmähliche Zurückweichen religiöser und mythischer Vorstellungen zugunsten rationaler Auffassungen.

Als besondere Unterscheidungsmerkmale einer modernen gegenüber einer traditionalen Gesellschaft gelten: der Rückgang des landwirtschaftlichen Sektors, die Zunahme von Technik, Industrie und Dienstleistungen, die höhere soziale Mobilität, die geringere Bedeutung der Herkunft und Abstammung für den sozialen Status, der zunehmende Stellenwert von persönlicher Leistung und Bildungsweg, ein stärkeres Gewicht des individuellen Verhaltens gegenüber den Prägungen und Lenkungen durch soziale Gruppen, eine größere Verantwortung und Entscheidungsfreiheit des Einzelnen. Insgesamt kommen in modernisierten Gesellschaften auf das Individuum mehr Entscheidungen und Wahlmöglichkeiten zu als in traditionalen Gesellschaften. Zugleich beschleunigen sich die Wandlungsvorgänge und ein dynamisches Potential an Veränderungen entsteht. Geschwindigkeit und Beschleunigungen werden selbst zum Kennzeichen des Modernisierungsprozesses. Arbeitsteilung, Spezialisierung, Mobilität und die Vielzahl gesellschaftlicher Einrichtungen entlasten zwar den Einzelnen aber zugleich lösen sie ihn aus seiner gemeinschaftlichen Verantwortung heraus. Damit wird ihm die individuelle Verantwortung für sein Handeln, sein Geschick, sein Verhalten aufgebürdet. Die Einzelnen tragen das Risiko der Selbstverantwortung und Selbstbestimmung und nicht zuletzt der Selbstoptimierung. Individuell Kenntnisse und Fähigkeiten zu erwerben, wird zu einer Voraussetzung für Anerkennung und Erfolg.

Es ist nicht leicht »Moderne« abzugrenzen, weil verschiedene Kulturbereiche diesen Begriff für sich in Anspruch nehmen, um sich von vorhergehenden Epochen zu unterscheiden: Malerei, Architektur, Musik – aber auch in der Wissenschaft spricht man von modernen Methoden, die gegenwärtig mit dem Einsatz von Computern in Verbindung gebracht werden, also etwa ab den 1980er Jahren, während sich die genannten Kulturbereiche um 1900 als modern gaben.

Als historische Epoche ist die Moderne nicht eindeutig. Sie wird ab der Neuzeit (Gutenbergs bewegliche Lettern 1450 oder Expansion der europäischen Länder auf den amerikanischen Kontinent seit Columbus Entdeckungsreisen ab 1492) angesetzt – manchmal auch später mit dem Erstarken der Wirtschaftsform des Kapitalismus und der beginnenden Industrialisierung ab dem 17. und 18. Jahrhundert.

Diese historische Moderne begleitet ein Widerstand gegen feudale Strukturen, Abhängigkeit von unkontrollierter Herrschaft oder unterwerfendem Glauben. Die Protagonisten der Moderne vertraten die Ansicht, die Menschheit befinde sich im Aufbruch in eine bessere Zukunft, weil sie die Natur zu beherrschen vermag, weil sie lernfähig ist und selbstverantwortlich agieren kann. Auf der Höhe der Zeit sein hieß, sich durch rationale Erkenntnis aus den Abhängigkeiten der Natur, des Glaubens und der Tradition zu befreien. Modernisierung war der Schlüssel für eine gesellschaftliche Vorwärtsbewegung in Richtung Zukunft, der die Menschheit mithilfe technischer, wirtschaftlicher und wissenschaftlicher Unterstützung kraftvoll entgegenging.

Mittel zum Zweck

Erziehung und Lernen spielten keine geringe Rolle. Der Mensch, als diesseitiges Individuum betrachtet, war erst hervorzubringen. So etwa die Auffassung von John Locke (1632 – 1704), der für die Erziehung der Gentlemen, der künftigen Führungselite

eines Landes, sein Buch »Some Thoughts Concerning Education« verfasste (1693).
Aus christlicher Sicht schrieb Gotthold Ephraim Lessing (1729 – 1781) die »Erziehung des Menschengeschlechts« (1780). In hundert Paragraphen legte er seine Überzeugung fest, der Mensch könne zum Besseren erzogen werden. Mit einer gewissen Skepsis ging Jean Jaques Rousseau (1712 – 1778) in seinem Erziehungsroman »Emile« (1762) zu Werk. Er schlug vor das zu erziehende Kind möglichst von der Gesellschaft zu isolieren, weil diese einen verderblichen Einfluss habe. So beginnt sein Emile: »Alles ist gut, wie es aus den Händen des Schöpfers kommt; alles entartet unter den Händen des Menschen.« (Rousseau, 1971, S. 9). Rousseau kritisiert die Menschen, die sich nicht mit dem Ablauf der Natur zufriedengeben. Für ihn sind das Veredeln von Bäumen, der Anbau fremder Feldfrüchte, die Dressur von Tieren Sünden gegen die Natur, denn daraus folgt die Abrichtung von Menschen durch Menschen (ebd.): »Nichts will er haben, wie es die Natur gemacht hat, selbst den Menschen nicht. Man muß ihn, wie ein Schulpferd, für ihn dressieren; man muß ihn nach seiner Absicht stutzen wie einen Baum seines Gartens.«
Die Achtung des Menschen als eigenverantwortliche Persönlichkeit fand ihren Ausdruck im Bildungsbegriff von Wilhelm von Humboldt. Er trat für die freie Entfaltung aller Kräfte des Menschen ein, für die Arbeit aller Einzelnen an sich selbst, um zu Autonomie, Freiheit und individueller Vollkommenheit zu gelangen. Ein Ideal in zweifacher Hinsicht.
Erstens hatte Humboldt selbst ideale Lebensbedingungen. Er und seine Familie konnten sich das ganze Leben vom Ertrag der ererbten Güter ihre Existenz finanzieren. Sein Adelsstand erlaubte ihm auch Funktionen als Gesandter, politischer Vermittler, Staatsrat auszufüllen – und idealerweise parallel dazu seine Studien und Forschungen zu betreiben (vgl. Rosenstrauch, 2009).
Zweitens blieben seine Gedanken zur Bildung uneingelöstes Ideal. Bildung wurde gerade durch ihn, durch beabsichtigte

Schulreformen und die Gründung der Freien Universität Berlin im Jahre 1810 als Mittel des politischen Widerstands von Preußen gegen Napoleon eingesetzt. Für das im Krieg gegen Frankreich unterlegene Preußen war die Reform des Bildungswesens ein wichtiges Mittel, um wieder zu erstarken. Humboldts rascher Abschied von der Bildungspolitik nach etwa 14 Monaten ist auch ein Zeichen, dass die Modernisierung kein Bildungsideal realisieren sondern staatsdienliche Maßnahmen erbringen sollte – nämlich die optimale Qualifizierung künftiger Staatsbeamter.

Modernisierung war aus dieser Sicht ein Anliegen der Befreiung – der Befreiung Preußens von der Vorherrschaft Frankreichs. Es bestand zwar der Wunsch nach politischer Veränderung der Herrschaftsverhältnisse, aber die Untertanen sollten beherrschbar bleiben.

Wissen und Macht

Die Modernisierung des Bildungswesens bringt ab dem späten 18. Jahrhundert die Einrichtung von Institutionen mit sich. Sie sollen zunächst den Bedarf des absolutistischen Staates, über besser ausbildete, gläubige und gehorsame Untertanen zu verfügen, verwirklichen. Die Bildungsinstitutionen entstanden im Interesse und gehorchten den Interessen der Herrschenden. Wissen sollte der Bevölkerung in der Weise zugänglich sein, dass sie nicht die überkommene Ordnung in Frage stellte. Aufstieg durch Bildung fungierte als Ventil, um das revolutionäre Potential der unteren Klassen zu entschärfen.

Aber Wissen war auch ein Machtfaktor gegen ungerechtfertigte Herrschaft und Abhängigkeit. Am Beispiel der französischen Encyclopédie von Diderot wurde das schon erwähnt. Wilhelm Liebknecht (1826 – 1900), der Mitbegründer der Sozialdemokratischen Partei Deutschlands, nahm dazu eine klare Position ein. Nicht »Wissen ist Macht«, erklärte er beim Stiftungsfest des

Arbeiterbildungsvereins Dresden am 5. Februar 1872, sondern »Macht ist Wissen«. Wer die Macht hat, meinte Liebknecht, gibt vor, was gelernt wird. Für den Sozialdemokraten war die Schule in der Bismarck-Ära ein Instrument der Knechtung und der Dressur, die nicht freie Menschen sondern gehorsame Rekruten und Steuerzahler mit einer »Bedienten-Intelligenz« hervorbrachte. (Vgl. Liebknecht, 1904).

Postmoderne

Durch die Industrialisierung, die ungleichen Lebensbedingungen, durch soziale Ungerechtigkeit stiegen ab dem 18. Jahrhundert die sozialen Spannungen in Europa – Modernisierung des politischen Gefüges tat not. Die europäische Geschichte ist bis in die Mitte des 20. Jahrhunderts von diesen mit Mitteln der Gewalt geführten Konflikten geprägt. Millionen Tote, Leidende, Verstümmelte auf unserem ganzen Erdball waren die Folge.
Eine neue Stufe der Einsicht und Erkenntnis gewann Anerkennung: Kein Ideal, kein Denksystem rechtfertigt den Tod von Menschen. Doch die Praxis politischen Handelns entspricht dem noch nicht.
Die Postmoderne definiert der französische Philosoph Jean-Francois Lyotard (1924 – 1998) nicht als eigene Epoche. Er beschreibt sie als Zeit der Besinnung, in der wir darüber nachdenken sollten, was die Phase der Moderne den Menschen bisher gebracht hat. Wir sollen bedenken, welche Wege die Gesellschaft weiterhin einschlagen soll. Postmoderne ist als Zeit der Reflexion zu verstehen. Charakteristisch für die Gegenwart ist die »Haltlosigkeit«, die »Unbestimmtheit«, der »Verlust« allgemein akzeptierter und verbindlicher Werte (vgl. Haas, 2000). In dieser Zeit, wo die Menschen aus tradierten, meist hierarchisch organisierten Ordnungen entlassen sind, bedarf es neuer Orientierungen. Aber so richtig scheint niemand darauf zu vertrauen, dass Menschen ihr Dasein zum Besseren wenden könnten. Ein

schon lange bestehender Kulturpessimismus wird erfolgreich genährt und von den Medien pflichtschuldig transportiert.

Halbbildung

Eine Revolte gegen die Bildungsvorstellung des Bürgertums und gegen die Ansicht, der Mensch müsste ein besserer werden, hat noch nicht stattgefunden. In die christliche Kultur eingebettet sitzt uns eine Vorstellung von Bildung tief, die uns lebenslang das Gefühl gibt noch nicht reif, vollkommen und gut genug zu sein. So bleibt Bildung einem Streben verpflichtet, das sein Ziel nie erreichen kann. Das ist keineswegs ein ökonomischer Wert – denn dieser würde sich ja durch Erreichbarkeit, Messbarkeit quantitativ oder qualitativ ausdrücken lassen.
Ein strenger Kritiker und Zweifler an der Aufklärung, die sich in ihrem Rationalismus gegen die Menschen wandte, war der schon erwähnte Philosoph und Sozialwissenschaftler Theodor W. Adorno. Er schalt seine Mitmenschen, denen er vorwarf sich nur oberflächlich mit Kultur auseinanderzusetzen, sie seien nur halb gebildet. »Theorie der Halbbildung« wurde eine Topos der Gesellschaftskritik. Der österreichische Philosoph und Kulturpublizist, Konrad Paul Liessmann, nutzte diese Wortmarke, indem er die Kritik am gegenwärtigen Bildungssystem in einem Buch als »Theorie der Unbildung« (2006) betitelte. Doch Liessmann beklagt die Nichteinlösung des Hubmoldtschen Ideals – das noch nie eingelöst wurde und auch seinerzeit gar nicht auf Realisierung aus war.
Bei Adorno wird deutlich, wie das Ideal von Bildung unrealisierbar bleiben muss. Denn, so Adorno, Bildung könne man gar nicht erwerben: »Bildung lässt sich, dem Spruch aus dem Faust entgegen, überhaupt nicht erwerben; Erwerb und schlechter Besitz wären eines. Eben dadurch aber, dass sie dem Willen sich versagt, ist sie in den Schuldzusammenhang des Privilegs verstrickt: nur der braucht sie nicht zu erwerben und nicht zu

besitzen, der sie ohnehin schon besitzt. So fällt sie in die Dialektik von Freiheit und Unfreiheit. Als Erbschaft alter Unfreiheit musste sie hinab; unmöglich aber ist sie unter bloßer subjektiver Freiheit, solange objektiv die Bedingungen der Unfreiheit fortdauern.« (Adorno, 1959, S. 107).
Da wandeln wir dahin im falschen Leben – ohne den Respekt vor Herrn Adorno zu verlieren – und Bildung bleibt uns unerreichbar. Wozu also in Bildung investieren, wenn sie gar nicht »erwerbbar« ist? Da stimmt der Schriftsteller Thomas Mann (1875 – 1955) zumindest heiterer. Er lässt in seinem Bildungs- und Schelmenroman »Felix Krull« auch Bildung als etwas gar nicht Erwerbbares vorstellen. Sie fliegt den Auserwählten in Leichtigkeit und im Schlafe zu: »Bildung wird nicht in stumpfer Fron und Plackerei gewonnen, sondern ist ein Geschenk der Freiheit und des äußeren Müßigganges; man erringt sie nicht, man atmet sie ein; verborgene Werkzeuge sind ihretwegen tätig, ein geheimer Fleiß der Sinne und des Geistes, welcher sich mit scheinbar völliger Tagdieberei gar wohl verträgt, wirbt stündlich um ihre Güter, und man kann wohl sagen, dass sie dem Erwählten im Schlafe anfliegt.« (Mann, 2008).

Fenster zur Welt

Doch diese Irritation ist ein wenig Nachdenken wert. Wo sind in der eigenen Biographie Orte und Zeitpunkte, wo Sie rückblickend sagen, da habe ich mich für mein Leben entscheidend gebildet? Gibt es Ereignisse, wo Sie sagen: Da hat sich mir ein Fenster zur Welt geöffnet und ein Blick, von dem ich bisher vielleicht etwas geahnt habe, der mir aber neue Aussichten erschloss?
Es zeigt sich das Zusammenspiel von individueller Situation und gesellschaftlichen Bedingungen. Letztere umfassen z.B. Institutionen des Bildungswesens, Chancen auf Arbeitsplätze, Einstiegs- und Wiedereinstiegsmöglichkeiten in Bildungswege, den

sozialen Stellenwert von Bildung, Lernen und Wissen oder auch die notwendige finanzielle Investition für Ausbildungsgänge.
Die österreichische und die europäische gesellschaftliche Entwicklung bewegen sich in enger Abstimmung mit der OECD-Community. Diese umfasst etwa eine Milliarde Menschen, etwa den siebenten Teil der Weltbevölkerung, und unterliegt einem gegenseitigen benchmarking der inzwischen 34 zugehörigen Nationen. Quantitative Vergleiche diverser Schlüsseldaten bezüglich Wirtschaft, Gesundheit oder Bildung verbinden sich mit Überlegungen zu qualitativen Aussagen, um die nationale Politik zu steuern. Trends lassen sich aus den Studien ableiten. Eine wissenschaftsbasierte Politik – evidence based policy – soll optimale Entscheidungen sichern, die den Wohlstand der Bevölkerung mehren und das »Well-being« fördern sollen (vgl. OECD, 2001).
Aus eigener Erfahrung, ich war von 1998 bis 2004 Delegierter Österreichs im OECD-Centre for Educational Research and Innovation (CERI), sind einige Anmerkungen angebracht. Die Bedeutung von Bildung für die ökonomische Entwicklung der OECD insgesamt und für ihre Mitgliedsländer wurde durch ein eigens gegründetes »Directorate for Education« betont. Von dort aus werden Forschungen angeregt, koordiniert, ausgewertet und die Ergebnisse den Mitgliedsländern zur Verfügung gestellt. Dies geschieht mittels Publikationen, aber auch in Vorträgen oder im Rahmen von Länderberichten, die ExpertInnen der OECD zusammen mit nationalen Fachleuten erstellen.
Ähnlich wie die Tätigkeit im Europäischen Parlament werden Aktivitäten in der OECD national nur sehr eingeschränkt zur Kenntnis genommen. Auch Länderberichte, die von ausgewählten OECD-ExpertInnen zu Teilen des Bildungswesens erstellt wurden, finden nur geringe Aufmerksamkeit.
Medienwirksam wurden allerdings die PISA-Studien, die großes Engagement einzelner Personen voraussetzen, damit sie zustande kommen. Aufgrund der Pro- und Contra-Diskussionen entsteht der Eindruck, dass weiteres großes Energiepotential da-

rauf verwendet wird, die Ergebnisse in Abrede zu stellen. Das nationale Bildungswesen gibt sich resistent. Der Weg, auch das Bildungswesen in Zusammenhang mit der Entwicklung der internationalen Gemeinschaft zu bringen, wird noch nicht zielführend beschritten.

Internationale Trends

Trendanalysen zeigen gesellschaftliche Entwicklungen auf, die das Bildungswesen beeinflussen und auf die das Bildungswesen reagieren sollte. Im quantitativen Stil leistet die jährlich erscheinende Publikation »A Glance on Education« (OECD, 2011) ihre Dienste. Unter qualitativen Aspekten ist es die Einschätzung gesellschaftlicher Trends, die nach Reaktionen und Potentialen des Bildungssystems fragen lässt. »Trends Shaping Education« (2010), ist eine solche Studie, die komplexe soziale Veränderungen und ihre Bedeutung für den Bildungssektor aufzeigt. Es handelt sich dabei nicht um überraschende und unbekannte Größen. Wir sind durch die Medien, durch öffentliche Diskussionen oder wissenschaftliche Publikationen mit den Themen vertraut: Zunahme der älteren Bevölkerung und weniger Nachwuchs, Durchsetzen einer globalen Ökonomie, Wandel der Arbeitswelt und Arbeitshaltung, Entwicklung der Informations- und Computer-Technologie, Erfordernisse der Demokratie und politische Teilhabe, Veränderung des Wohlfahrtsstaates, sozialer Zusammenhalt und die wachsende Kluft zwischen Arm und Reich. Aus allen diesen Trends, die in unterschiedlicher Ausprägung aber doch spürbar die OECD-Staaten beeinflussen und politisch beschäftigen, leitet sich schließlich der Trend zur lernenden Gesellschaft und zu einem Konzept des »Lifelong Learning« ab (vgl. OECD, 2010).
Das bestehende Bildungswesen, so können die diversen auf Österreich bezogenen Studien zusammengefasst werden, erfüllt die Anforderungen moderner Gesellschaften in einer globalisierten Welt zu wenig. Bleiben wir cool? Sollten wir nicht doch, nach

diesen aufregenden Diskussionen um das Bildungs-Volksbegehren, erst einmal zur Ruhe kommen? Stimmt es, dass für das österreichische Bildungswesen schon der Denkmalschutz beantragt wurde? Hat es Chancen, als UNESCO-Weltkulturerbe anerkannt zu werden?

BILDUNG ALS BEZIEHUNG

Nutzen oder Weisheit
Geheim oder öffentlich
Institutionalisiertes Lernen
Recht auf Bildung
Studieren für den Arbeitsmarkt
Geplantes Studium
Erkennen statt belehren
Wohlstand durch Anpassung
Zeit zu leben
Bilden durch beziehen

Nutzen oder Weisheit

Was soll die junge Generation lernen? Diese Frage begleitet die menschliche Kultur. Schon von den alten Chinesen wissen wir, welchen Wert sie auf die Ausbildung und Prüfung ihrer Beamten legten. Um 500 vor dem Beginn unserer Zeitrechnung personifizierten sich in China zwei Gegensätze. Konfuzius repräsentierte die Anschauung, dass Menschen verpflichtet sind staatstreu und gesetzeskonform zu handeln. Lao-Tse hingegen beruft sich auf das »Tao« – den Weg – der nicht beschreibbar und nicht mit Worten zu erfassen ist. In seinem Tao-te-king heißt es: »Der Weg, von dem wir sprechen können, ist nicht der ewige Weg; der Name, den wir nennen können, ist nicht der ewige Name.« (Lao-Tse, 1. Abschnitt, 1990). Dies verweist auf das Leben als Durchgangsstadium zu einer anderen Existenz. Die Aussagen von Konfuzius plädieren für eine menschliche Gemeinschaft, die sich auf ihre Existenz im Diesseits und auf eine hierarchisch organisierte Gesellschaft beziehen.
Die Position des Taoismus gibt sich antifeudalistisch und antihierarchisch. Sie will eine ursprüngliche Gleichheit wieder herstellen. Lao-Tse sieht im Wissen die Gefahr der Ungleichheit und warnt davor dieses oder materielle Güter anzuhäufen (ebd., 81. Abschnitt):

Der Weise ist nicht gelehrt,
der Gelehrte ist nicht weise.
Der Weise häuft nichts an.
Nachdem er alles, was er hat,
den andern geschenkt hat,
hat er immer noch mehr;
nachdem er alles, was er hat,
den andern gegeben hat,
ist sein Reichtum noch größer.
Nützen, ohne zu schaden,
das ist der Weg des Himmels.
Tun, ohne zu streiten,
das ist der Weg des Weisen.

Konfuzius hingegen tritt für Lernen und Bildung ein, denn nur dadurch kann man sich seinem Ideal, ein edler Mensch zu sein, annähern. Bildung wird als Chance gesehen sich selbst zu kultivieren und dadurch der Gemeinschaft zu dienen. Der Widerspruch zwischen Nutzen und Weisheit durchläuft, wie wir an diesem Beispiel erkennen, schon eine lange Geschichte.

Geheim oder öffentlich

Für die abendländische Kultur entwickelte sich seit der griechischen Antike ein Bildungskanon, der ab dem Mittelalter als »septem artes liberales« bekannt ist. Diese sieben »Freien Künste« waren der Bildung eines freien Mannes, eines Mannes, der nicht für seinen Lebensunterhalt arbeiten musste, würdig. Sie fächerten sich in das Trivium, Grammatik, Rhetorik, Dialektik und das Quadrivium, Arithmetik, Geometrie, Musik, Astronomie, auf. Dieser Wissenskanon wurde Voraussetzung für Studien an den damaligen Fakultäten Medizin, Recht und Theologie. Unter starkem Wandel des vermittelten Wissens entstand daraus an den mittelalterlichen Universitäten die Artistenfakultät, die mit Zunahme der wissenschaftlichen Differenzierung in die Philosophische Fakultät überging.
Dem, was Menschen wissen sollen, liegen von Anfang an zwei Positionen zugrunde. Am Beispiel von Pythagoras (570 – 510) kann Wissen als Geheimnis für eine exklusive Gruppe betrachtet werden. Mit Geheimschrift und Ritualen sollten Einsichten und Erkenntnisse nur wenigen Eingeweihten vorbehalten bleiben. Die andere Position verkörpert Sokrates (469 – 399), der kritisch denkend und fragend, Wissen prüft und veröffentlicht. Sein Befragen aller Werte, seine Skepsis gegenüber »herrschenden« Meinungen, stellt Autoritäten in Frage. Diese wenden sich schließlich gegen ihren Herausforderer und zwingen ihn aus dem Leben zu scheiden.
Im Christentum organisiert sich Wissen in Kirchen und Klöstern, bei den Mönchen und Priestern. Eine Öffnung, die alle Menschen

des Lesens und Schreibens kundig machen will, geschieht erst in der Reformation durch Martin Luther (1483 – 1546) und den »Lehrer Deutschlands«, Philipp Melanchthon (1497 – 1560).
Die Glaubenskriege, die Kriegshandlungen um die Vorherrschaft in Europa, der sogenannte Dreißigjährige Krieg (1618-1648) sind deshalb auch als Kriege um die Demokratisierung von Wissen zu interpretieren. Es sind Kriege um Macht und Einfluss, in denen der Zugang zu Wissen und Wahrheit eine Rolle spielt.
Die ersten weltlichen Schulen entstehen aus pragmatischen Gründen. Es sind Schulen, in denen gelernt wird Verträge abzuschließen, um den Handel zu sichern. Da dies in lateinischer Sprache geschieht, muss sie gelehrt werden. Neben den Klosterschulen, die konfessionell organisiert sind, entwickeln sich ab 1250 Stadtschulen, die aufgrund der Erfordernisse des Handels und des Bürgertums öffentlichen Charakter hatten.
Aber die Produktion und Verbreitung von Wissen ging komplexer und vielschichtiger vor sich. Sie hängt in Europa mit der Säkularisierung und Verstädterung der Gesellschaft zusammen. Den kulturellen Wandel beschreibt der Philosoph und Soziologe Ernest Gellner (1925 – 1995) und er verweist auf die enge Verknüpfung der drei Hauptsektoren menschlicher Tätigkeit: Produktion, Erkenntnis und Herrschaft. Der Kulturhistoriker Peter Burke erinnert in seinem Buch, »Papier und Marktgeschrei«, dass die Sozialgeschichte des Wissens in einer ständigen Transformation vor sich ging. »Es ist die Geschichte der Interaktion zwischen Außenseitern und Establishments, zwischen Laien und Fachleuten, intellektuellen Unternehmern und intellektuellen Rentiers.« (Burke, 2001, S. 67).

Institutionalisiertes Lernen

Für Karl Marx (1818 – 1883) erklärt sich unsere gesellschaftliche Entwicklung als eine Geschichte von Klassenkämpfen. Aus der Sicht eines heutigen Mitteleuropäers liegen diese Kämpfe hinter uns, aber eine gerechte Verteilung von Arbeit und Wohlstand noch immer vor uns. In diesem Sinn ist auch der Zugang zu Bildung, Lernen und Wissen als eine historische Entwicklung zu sehen, die bis heute mit dem gesellschaftlichen Ringen um Macht, Einfluss und Lebensqualität verbunden ist.

Der Widerspruch ist, wenn auch ein wenig demokratisiert, noch nicht aufgelöst. Es gibt machtvolle Institutionen, wie Schule oder Hochschule, die mittels ihrer Lehrenden Wissen vermitteln und durch Prüfungen einen Status gesellschaftlicher Anerkennung verleihen. Das in Curricula und Lehrplänen festgelegte Prüfungswissen, die damit vermittelten Einstellungen und Haltungen lieferten und liefern je nach Höhe des Bildungsabschlusses Zugang zu bestimmten Positionen der Arbeitswelt und damit auch zu Bezahlung, Lebensstandard und Chancen der Lebensführung.

Wer sich an diese Vorgaben nicht hält, sich Wissen ohne Bestätigung, also ohne Prüfungsnachweis, Zertifikat oder Abschlusszeugnis, aneignet, bleibt – zumindest in unseren Breiten – von der Akzeptanz durch die Gesellschaft und den damit verbundenen Meriten ausgeschlossen.

Recht auf Bildung

Der in letzter Zeit wieder häufiger geäußerte Wunsch von Studierenden, sich nach freier Wahl zu bilden und nicht einem durchorganisierten Prüfungsmarathon zu unterliegen, ist deshalb ein Widerspruch zum etablierten System. Nur wer sich den Regelungen unterwirft, soll Teil des Systems werden. Konfuzius lässt grüßen.

Im Unterschied zu früheren historischen Epochen hat sich, in den Jahrzehnten nach dem Zweiten Weltkrieg in demokratisch organisierten Ländern schon in den 1960er Jahren eine Bewegung formiert, die sich ein »Recht auf Bildung« auf ihre Fahnen schrieb. Widerstand gegen autoritäre Strukturen, gegen Bevormundung und Restriktionen führten besonders in Universitäten zu einer Emanzipationsbewegung. Das »Hinterfragen« des Bestehenden und aller Vorgaben wurde zu einem Bildungsprinzip. Doch wer die Innenwelt von Universitäten heute betrachtet merkt, dass neue Generationen von Lernenden Einzug gehalten haben. Den Großteil der Studierenden belastet nicht die Sorge um Emanzipation sondern um einen sicheren Studienplatz, von dem aus sich möglichst geregelt und übersichtlich, nebenbei in Jobs und Praktika tätig, ein akademischer Abschluss erreichen lässt. Unruhig und unzufrieden werden die Studierenden, wenn ihnen dieser Weg, den die PolitikerInnen als gesellschaftlich notwendig predigen, etwa durch Gebühren oder schlechte Studienbedingungen verstellt und behindert erscheint.

Bildungspolitik bewegt sich zurzeit in dem Bemühen Auswege bezüglich der wachsenden Nachfrage nach höherer Bildung und ihrer Finanzierung zu finden. Es fehlt nicht an »wacky ideas« dies zu tun, doch es handelt sich um Folgen für das soziale Gefüge. Bildungspolitik ist aber ein Teil der Sozialpolitik. Mit einer erhöhten Anzahl an AkademikerInnen verändert sich auch der Bedarf nach besser bezahlten Berufspositionen, wenn nicht ein Verdrängungsprozess, der weniger Qualifizierte betrifft, einsetzen soll.

Studieren für den Arbeitsmarkt

Gerade im Tertiären Sektor ist deutlich geworden, dass es für einen besser bezahlten Arbeitsplatz nicht so wichtig ist, was man studiert hat. Wichtig ist ein über mehrere Jahre dauerndes Studium und ein anerkannter Abschluss – das wird vom Arbeitsmarkt honoriert. Die Ausstattung der AbsolventInnen mit den sogenannten »soft skills« erfüllen die Bedürfnisse der Arbeitgeber. Notwendige, ohnehin sich ständig ändernde fachliche Qualifikationen erwerben sich die akademischen ArbeitnehmerInnen durch Fort- und Weiterbildung.

Deshalb fragen sich Studierende heute weniger, wozu lerne ich, was mir vorgegeben wird, sondern wie erreiche ich möglichst umstandslos mein Studienziel. Was mir als neue Fragestellung der Studierenden in der Bologna Struktur mit ihrer Vielzahl an Abschlüssen innerhalb der Bachelor-, Master- und Doktoratsstudien auffällt: Wie kann ich mein Studium so anlegen, dass ich nicht nur einen sondern mehrere Abschlüsse also z.B. zwei Masterstudien in verwandten Fächern erreiche? Denn ein akademischer Abschluss scheint für den Wettbewerb auf dem Arbeitsmarkt nicht ausreichend. Als Universitätslehrer erkennt man sich plötzlich als Trainer von MehrzweckkämpferInnen und stellt fest, dass der Bedarf nach emanzipatorischer Bildung sehr gering geworden ist.

Geplantes Studium

Das Studium heute ist curricular organisiert und in ein Punktesystem gegliedert. Ein sogenannte ECTS (European Credit Transfer System) gibt Auskunft, inwieweit das Konto, das für den Studienabschluss erforderlich ist – für ein Bakkalaureatsstudium 180, für ein Masterstudium 120, für ein Doktoratsstudium 180 Punkte – gefüllt ist.
Von »verschultem« Studium zu sprechen ist unpassend. In der Schule geht es noch nicht so zu. Doch im Sinne der Selbstbestimmung ist das Punktesystem als Chance zu interpretieren, wenn es den Studierenden frei stünde, ihre Bildung eigenständig zu erwerben. Das anglo-amerikanische System entspricht dem in folgender Weise: hohe Selbstverantwortung, intensive Beratung und Betreuung, Seminare in kleinen Gruppen, Einsatz von studentischen Tutoren und Mentoren, Achtung und Wertschätzung der Lehre in den Anfangssemestern. Studiert wird bei hochspezialisierten ForscherInnen. Im deutschen Sprachraum regieren an den Universitäten die Mentalität der Beamten oder tatsächlich das Ministerium. Kontrolle und Dirigismus, Vorschriften

und festgelegte Studienabläufe, eng gefasste Wissenspakete sowie diese begleitende Prüfungen. Die Curricula dieses Systems sind Korsette – wer sie ein Studium lang anlegt, hat weder die Garantie gebildet noch gut ausgebildet zu sein. Hervorgebracht werden AbsolventInnen, die Studienvorschriften befolgt haben! Durch diese kontrollierende Mentalität werden die positiven Intentionen, die das »Bolognasystem« beabsichtigt, nicht genutzt – genauso wenig wie ein 6-Gang-Getriebe, das immer nur im 2. Gang gefahren wird. Bologna setzt auf die Eigenverantwortung der Studierenden und auf die Vermittlung von Kompetenzen. Die im anglo-amerikanischen Hochschulsystem angelegte Möglichkeit der selbstverständlichen Kommunikation zwischen Lehrenden und Lernenden, gibt es im deutschsprachigen Hochschulraum nicht in gleicher Weise. Hier besteht eine Barriere in Form eines Lehrer-Schülerverhältnisses.

Die Studienabschlüsse und die Studiendauer erfolgen nach drei und zwei Jahren, erst Bachelor dann Master, wobei letzterer auch einjährig sein kann, sowie nach einem dreijährigen Doktoratsstudium, das als Weg zur wissenschaftlichen Laufbahn geplant ist. Etwas provokant ausgedrückt wurden die bisherigen Studieninhalte mit zu erreichenden Kompetenzen geschmückt und in die neuen Studiengefäße gegossen. Verständlich, weil dasselbe Personal wie bisher, dieselben Inhalte vermitteln wollte. Das Konzept Kompetenzen und Eigenverantwortung bei Studierenden zu erreichen, war bei den Verantwortlichen und Gelehrten der Beamtenuniversität noch gar nicht angekommen.

Erkennen statt belehren

Wer sich heute auf Wilhelm von Humboldt beruft, will damit zugleich auf Bildung in Freiheit und für Selbstbestimmung hinweisen. Auf ein Bildungskonzept, das die Einzelnen unabhängig von gesellschaftlichen Bedingungen sich gemäß ihren inneren Kräften entfalten lässt. Damit wird übersehen, dass Wilhelm von

Humboldt selbst stets als Staatsbeamter, als Gesandter oder um den Widerstand gegen Napoleon zu organisieren, außenpolitisch aktiv im Einsatz war: Seine Selbstbildung erfolgte »nebenbei«, nachdem er sich der Verwaltung seiner Güter gewidmet hatte, oder wenn seine diplomatischen Dienste aufgrund neuer innenpolitischer Konstellationen in Preußen weniger gefragt waren.
Leider wird auf Alexander von Humboldt kaum Bezug genommen. Er verkörperte den Forscher, der in die Welt hinauszog, Feldforschung betrieb, die Realität der Natur und die Lebensbedingungen erkundete. Er wollte die Welt darstellen, wie sie ist und erforschte die Vielfalt der Natur und der menschlichen Daseinsformen. Seine Erkundungen in den damals unerforschten Gebieten Südamerikas (1799 – 1804), wo er z.B. längere Zeit dem Lauf des Orinokos und des Rio Negro folgte, seine Zeichnungen, Notizen und mitgebrachten Belege, lassen ihn heute als einen wichtigen Mitbegründer der Wissenschaftsdisziplin Geographie genannt werden. Sein schriftliches Lebenswerk hat er in jahrelanger Arbeit als »Kosmos, Entwurf einer physischen Weltbeschreibung« (1845/2004) zusammengefasst.
Doch darüber hinaus war er begehrter und viel gehörter Vermittler der Ergebnisse seiner Forschungen. Er belehrte nicht, er überließ es seinen ZuhörerInnen die Erkenntnisse zu verarbeiten. Die Herausgeber seiner »Kosmosvorträge 1827/28«, die in einem etwa 800 Personen fassenden Saal des Berliner Gesangsvereins gehalten wurden, meinen: »Die ungewöhnlich große Publikumsresonanz der ‚Singakademie-Vorlesungen' ist schließlich auch auf Humboldts vorzügliches Talent zurückzuführen, in freier Rede klar, allgemeinverständlich und fesselnd über die zum Teil auf eigenem Erleben beruhenden Naturstudien zu berichten. Humboldt sprach sowohl den Verstand als auch das Gemüt seiner begeisterten Zuhörer an. Er verkörperte damit in rhetorisch-methodischer Hinsicht das in der Praxis so selten erreichte Ideal eines erfolgreichen Wissenschaftspopularisators.« (Hamel, Tiemann, 1993, S. 13).

Wohlstand durch Anpassung

Das Flair des Wissens, der Freiheit und der Weltläufigkeit gehen mit dem Begriff der Bildung einher. Erst die Institutionen haben ein Bildungswesen erzeugt. Institutionen übertragen die jeweilige gesellschaftliche Atmosphäre, in der sie den herrschenden Kräften dienen (Ministerium – ministrare, lateinisch: dienen), auf ihre Anvertrauten.

Die Atmosphäre, in der begonnen wurde Bildung zu institutionalisieren, erfüllten der Absolutismus, die von Kaiser und Adel angeführte Herrschaft über eine ständische Gesellschaft sowie die ideologischen Einflüsse der Staatskirche im 18. und 19. Jahrhundert. Mit der Säkularisierung und Liberalisierung im 19. und 20. Jahrhundert setzen sich die ökonomischen Werte – Erfolg, Wettbewerb, Konkurrenz, Wachstum – durch. Der Lohn für die Anpassung war ein gewisser Wohlstand, der Preis die Übernahme eines Wertesystems, das das eigene Wohlbefinden in den Vordergrund stellt und der wachsenden Kluft zwischen Habenden und Nichthabenden Aufmerksamkeit entzieht. Jeder wird sich selbst der Nächste und erregt sich über den Mitmenschen, der den Parkplatz besetzt, den Karriereweg blockiert, anderer Meinung ist, Anforderungen stellt oder Erwartungen äußert.

Bildung soll diesem Modell, so lautet das Interesse der herrschenden Kräften, in dem es bedeutsam ist erfolgreich zu sein, zu profitieren, zu triumphieren oder andere zu übertreffen, dienen. Sich selbst voran bringen, denn die Zeit ist knapp, heißt das Motto.

Zeit zu leben

Wir leben zu wenig – aus eigener Schuld. Wer das meint? Der beredsame Stoiker Seneca (4v. – 64n.): »Nur ein kleiner Teil des Lebens ist es, in dem wir leben. Die ganze übrige Spanne ist nicht Leben, sondern Zeit« (Seneca, 1977, S.7).

Lucius Annaeus Seneca, Rechtsanwalt von Beruf, Erzieher Kaiser Neros, der den Philosophen in den Freitod schickte, wollte seine Zeitgenossen darauf hinweisen, dass sie nicht leben, sondern nur die Zeit vergehen lassen. Unser Leben sei nicht kurz, wir gehen verschwenderisch mit der Zeit um, daraus ergäbe sich ein kurzes Leben. »Wir haben kein kurzes Leben empfangen sondern es dazu gemacht; wir sind nicht arm an Leben, sondern gehen damit verschwenderisch um.« (Ebd., S. 5).
Seneca pocht auf die Eigenverantwortung. Damit setzt er einen klaren Ausgangspunkt. Es steht in der Verfügung des Menschen, wie er oder sie die Gegebenheiten – sind das nicht Gaben? – nutzt. Jede und jeder Einzelne hat die Chance, das Leben zu gestalten.
Daraus ergeben sich Aufgaben für Bildung: Bewusstsein wecken, Wahrnehmungen bearbeiten, Sichtweisen prüfen, den Blick öffnen, die Sinne schärfen.
Wir nehmen wahr – erhalten Eindrücke und gestalten daraus unsere Erfahrungen. Etwas erfahren ist bereits ein aktiver Prozess. Wir beurteilen, was wir in von uns bestimmter Weise aufnehmen. Unsere Sinne gestatten uns die Kontaktnahme mit der Welt. Die Eindrücke gestalten uns – von diesen Eindrücken hängt ab, in welchem Umfang und mit welcher Qualität weitere Erfahrungen gespeichert werden.
Bildung entfaltet sich. Der Mensch kann seine Erfahrungen verarbeiten, bildet sein Erfahrungspotential und dieses ermöglicht ihm eine bestimmte Sicht, Aufnahme und Konstruktion der Welt. Ich nehme an eine Welt gibt es. Ob sie so aussieht, wie sie uns erscheint, ist nicht überprüfbar. Wir vermitteln sie einander. Wir leben in einer vermittelten von uns erlernten Welt. Ob sie anderen so erscheint wie uns?
»Schau, das schöne Abendrot!« Wir merken an den Reaktionen, an Zustimmung oder Ablehnung, ob wir eine übereinstimmende Wahrnehmung getroffen haben. Die Reaktion kann auch nonverbal sein: ein Nicken, das Ergreifen der Hand, ein Lächeln, eine zärtliche Berührung oder ein flüchtiger Blick, ein ablehnendes Wegdrehen des Kopfes.

Wir nehmen wahr, was wir erfahren – gelernt haben – wahrzunehmen. Erziehung und Sozialisation beeinflussen unsere Fähigkeit wahrzunehmen. Bildungsprozesse reflektieren und stärken unser Urteil durch Wahrnehmungen und Wahrnehmungskraft.

Bilden durch beziehen

Wir sind Wesen mit Verstand, Gefühlen und Beziehungen. Wir gestalten uns selbst, bewusst und unbewusst, indem wir lernend mit Dingen und Lebewesen in Beziehung treten. Wir äußern uns und gestalten die Welt durch Beziehungen. Wir leben im Wechselverhältnis. Indem wir uns beziehen, bilden wir uns. Wie oft werden wir einbezogen, lassen wir uns einbeziehen, ohne dass uns dies gefällt, könnten wir im Sinne Senecas fragen? Wie verwoben sehen wir uns in Beziehungen, nicht nur in familiären, freundschaftlichen oder partnerschaftlichen, aus denen wir uns schwer lösen können? Wir bewundern andere, die leicht durchs Leben wandern, wir erschrecken, wenn wir von gewaltsamen Trennungen hören.
Bildung erhält einen neuen Akzent. Als permanente Reflexion dient sie der Selbstvergewisserung. Bildung ist das prozessuale Fundament für die Annahme und den Aufbau sozialer Kontakte und für unser Verhältnis zur uns umgebenden Welt. Wir bilden uns im Wechselverhältnis zu allem, was uns begegnet.
Das oft in der Pädagogik gelobte »dialogische Verhältnis« zu anderen Menschen stellt nur die Reduktion eines komplexen Geschehens dar. Dialog vermittelt wahrscheinlich auch die Illusion der Sicherheit, aneinander festhalten zu können.
Doch das Ich ist nicht stabil – Ich ist ein Prozess. Der Philosoph Richard David Precht (geb. 1964) meint, ein »Ich-Apparat« sei nicht zu finden – auch nicht von der Hirnforschung. In seinem Bestseller »Wer bin ich und wenn ja, wie viele?« schreibt er: »Stattdessen haben wir ein schillerndes, vielschichtiges und multi-perspektivisches Ich.« (Precht, 2007, S. 72).

Diese Erkenntnis können wir nicht mehr auslöschen. Unsicher greifen die Individuen nach überkommenen Erfahrungen, nach dem, was bisher Halt versprach, auch wenn es sich schon längst als brüchig und emotional unbefriedigend erwiesen hat. Das Ich der Gegenwart erlebt: Aufbruch mit sich selbst als Entwurf und Skizze in einer Welt, die sich das Ich durch Beziehung erst vertraut macht.

Der Kompass auf dieser Reise heißt »Eigen-Sinn«. Er ist vorhanden und wird mit jeder Erfahrung neu erarbeitet. Die Anstrengung hat ein Motiv – wer nicht den »eigen – sinnigen« Weg geht, wird von anderen auf deren Wege gedrängt, geschoben, verlockt und verführt. Wem alles beliebig oder »gleich – gültig« ist, die oder der wird vereinnahmt.

Bildung stärkt den Widerstand und die Urteilskraft gegenüber den vielfältigen Beziehungsangeboten. In den ständigen Prozessen mögliche Beziehungen einzugehen bilden wir uns: indem wir ihre Ansprüche, ihre voraussichtliche Dauer beurteilen – indem wir entscheiden, ob wir die Angebote annehmen oder ob wir uns von ihnen entfernen.

SICH SELBST STEUERN

Das Beste wollen
Eigenverantwortung
Bedarf nach Gemeinsinn
Gelenkte Gleichheit
Selbstgesteuertes Lernen
Flexible berufliche Weiterbildung
Individuen als Masse
Neue Lehrfunktionen

Das Beste wollen

Institutionen geben Schutz, Sicherheit und festen Halt. Sie tendieren mit ihrer eigenen Dynamik dazu sich zu stabilisieren, ihre Bedeutung zu rechtfertigen, sich auf Dauer zu etablieren. Sie erzeugen Abhängigkeiten und dadurch die Berechtigung für die eigene Existenz. Sie bringen den Bedarf nach sich selbst hervor. Das Bildungswesen besteht aus Institutionen. Was sie uns bringen, kosten, bedeuten sollen, wird heute in Frage gestellt.

Die Institutionen bestimmen, so scheint es, was Kinder, Jugendliche und Erwachsene lernen sollen, wie ihre Bildung aussehen soll, welche Zertifikate zu welchen Berufswegen Zugang erlauben und, nicht zuletzt, welches Einkommen sich von den AbsolventInnen erzielen lässt.

Viele Anspruchsgruppen, in Österreich besonders in und durch politische Parteien vertreten, äußern ihre Erwartungen an die Bildungsinstitutionen. PolitikerInnen wollen, als StellvertreterInnen anderer Interessengruppen, in großer Bandbreite das Beste für die Zukunft unserer Kinder, das Beste für die Gesellschaft oder das Beste für den Profit. In dieser Aufgeregtheit, wird leicht übersehen, auf die aktuellen Interessen der lernenden Kinder, Jugendlichen oder Erwachsenen zu achten. Sie haben sich einzufügen, in Entscheidungen, die Interessengruppen für sie aushandeln.

Die Diskussionen um Bildungsreform, die wir zurzeit erleben, sind Positionskämpfe um Macht und Einfluss auf das Bildungswesen. Sie werden um das Verfügen über Budgetmittel zwischen politischen Parteien sowie zwischen Bundes- und LandespolitikerInnen geführt. Die InteressenvertreterInnen kämpfen zugleich um politischen Einfluss in Form von Wählerstimmen – die Institutionen hingegen wollen das Beste für sich.

Eigenverantwortung

Soll man sich als Lernender oder Lehrender, als Betroffener oder als OrganisatorIn von Bildungsprozessen geehrt fühlen, soviel Aufmerksamkeit in den Schlagzeilen der Medien zu erhalten? Oder geht es in den Kontroversen gar nicht um Bildung, sondern um die Profilierung von PolitikerInnen und um das Erweitern politischer Macht?

Der hohe Bedarf an Bildung ist eine Errungenschaft der letzten Jahrzehnte. Bildung wird genauso angestrebt und diskutiert wie Gesundheit, wie Mobilität, wie erfülltes Leben im Alter, wie Sicherheit oder wie zufriedenstellender Wohnraum.

Bildung, als privates Potential, hat Bedeutung für die ganze Bevölkerung bekommen. Die Beteiligung an Bildungsprozessen ist von öffentlichem Interesse. Von Seiten des Staates wird dafür in gewisser Weise vorgesorgt – das ist ein Menschenrecht. Wie sich jede und jeder Einzelne ihren Bildungsweg gestalten, bleibt individuelles Recht und Geschick. Vom Staat erwarten wir keine Behinderung der individuellen Wege sondern vielmehr Ausgleich dort, wo die Chancen bestimmte Bildungswege zu gehen ungleich und ungerecht erscheinen.

Letzteres hängt mit sozialen Verhältnissen, mit Krankheit und Behinderung, mit lokalen Bedingungen, mit Migration und Einflüssen des Elternhauses zusammen. Nicht zuletzt ist aber bedeutend, welche Anerkennung und welchen Wert eine Gesellschaft insgesamt dem Thema Bildung zuschreibt. Für das positive Image von Bildung kann einiges getan werden.

Bildungsinstitutionen sollen stützen und nicht behindern. Bildungsinstitutionen sollen Wege in die Freiheit des Lernens zeigen aber nicht abhängig machen, indem sie das Monopol auf Inhalte, Prüfungen und Zertifikate besitzen. Nicht zuletzt sollen Bildungsinstitutionen darin stärken Eigenverantwortung in Alltag und Beruf, in Geselligkeit und Demokratie wirksam werden zu lassen.

Der Vorschlag mehr Eigenverantwortung zu übernehmen – wir hören ihn aus den Etagen der Politik und des Managements – begleitet uns heute, wo sich traditionale Bindungen und der Schutz herkömmlicher Institutionen auflösen. Ein neuer Halt, Sicherheit und Gewissheit sind noch nicht erkennbar. Als Antwort versuchen wir uns zu vernetzen und Netzwerke zu nutzen. Doch auch mit dieser Metapher befinden wir uns auf unsicherem Terrain: gefangen wie ein Fisch im Netz, ausgeliefert im Netz der Spinne oder gesichert wie ein Seiltänzer?

Bedarf nach Gemeinsinn

Bei meinen Reisen nach Asien (vornehmlich Japan und Südkorea) fiel mir auf, dass die Investitionen der Menschen in Lernen und Bildung nicht mit unseren europäischen Maßstäben vergleichbar sind. Während wir individuell und kollektiv darauf achten, für unsere Investitionen entsprechenden Gegenwert zu erhalten, habe ich – diese Erfahrung bezieht sich auf Japan – den Eindruck, dass zwar auf Investition gesetzt wird, aber der Erhalt des Gegenwerts nicht so hochgespielt wird. Er wird zumindest nicht ständig auf eine individualistische Waagschale gelegt. Mit anderen Worten, der persönliche Einsatz und die individuelle Leistung werden nicht so sehr wie bei uns in den Vordergrund geschoben, zumindest ist dies nicht so auffällig bemerkbar. »Ich gebe und was bekomme ich dafür?«, scheint in Japan nicht das dominierende Kalkül individuellen Verhaltens zu sein. Dies empfinde ich in Europa und den USA völlig anders. Hier wird jede Tat daran gemessen, was sie einbringt – vorzugsweise an Geld.
Spürt man in Europa den Kampf der Individuen um Anerkennung und Erfolg, bewegt sich in Asien, durch nicht besonders erwähnte individuelle Anstrengungen, offensichtlich ein Kollektiv weiter – ohne zu vergessen, die Individuen entsprechend zu be- und zu entlohnen, aber auch ohne sie besonders herauszustellen und ohne sie dazu zu verführen sich individualistisch in den Vordergrund zu spielen. Das erfolgreiche Individuum bleibt ein Teil der Ge-

meinschaft, durch die es erfolgreich wird. Die Individuen danken durch Treue, durch Zugehörigkeit, ja sogar durch Unterwerfung unter alle betrieblichen oder institutionellen Erfordernisse. Urlaub gibt es zwar, aber ihn außerhalb festgelegter Zeiten zu nehmen wäre eine Störung stillschweigender Übereinkunft und Usancen. Ein weiteres Regulativ ist bislang das Senioritätsprinzip. Einfluss und Autorität liegen bei den Älteren, die schon länger im Betrieb oder in einer Institution sind. Daraus ergibt sich auch die Rangreihe eines möglichen Aufstiegs in höhere Positionen.

Europäische Menschen und noch mehr US-amerikanische neigen dazu sich zu überschätzen und werden in ihrer Eigenleistung überschätzt. Sie finden und erfinden Situationen, um sich von ihrer Umwelt abzuheben. Oder sie werden über familienähnliche Bande, sprich: Bindungen und Organisationsformen, zu einem Teil eines Ganzen gemacht, in dem sie sich oft nicht wohl fühlen, wo sie aber festgehalten werden.

Die japanische Gemeinschaft bettet ihre Individuen durch Rituale und Anerkennung ein, lässt bei ihnen scheinbar gar nicht das Bedürfnis aufkommen, anders sein zu wollen – anders sein, würde sie irritieren und ihres Motivs, etwas zu leisten, berauben. In der Gemeinschaft und für die Gemeinschaft, modern gesprochen in Teamarbeit und für die Organisation, eine Leistung erbringen, lautet das japanische Selbstverständnis (vgl. Nakane, 1985). Die Einzelnen sollen zur Harmonie beitragen und sie nicht durch individualistisches Gehabe stören.

Kann eine Wissensgesellschaft ohne individuelle Leistungen, die ständig hervorgehoben werden, existieren? Für EuropäerInnen ist das schwer vorstellbar. Europa erzeugt individualistische Wissensinhaber, die in das Netz der Gemeinschaft vorsichtig über Entlohnung und Gratifikationen eingebunden werden müssen, damit keine Risse entstehen.

Die Rolle des Subjekts, des Individuums mit seinen sozialen Beziehungen, bestimmt den Charakter jeder sich formierenden Wissensgesellschaft. Ich denke, um unsere Aufgaben in Bildung und Weiterbildung zu überlegen, zu analysieren und zu diskutieren, ist das ein wichtiger Punkt. Die Ansprüche der Individuen in Hinblick auf Bildung und Weiterbildung mit der dafür nötigen öffentlichen Verantwortung in ein aktuelles Verhältnis zu setzen ist – am Ende der bildungsbürgerlichen Epoche und in einer Phase ökonomischer, profitorientierter Dominanz – eine dringende Aufgabe.

Nicht zu vergessen oder zu übersehen ist dabei: Wir befinden uns zwar in einem Zeitalter der Individualisierung, doch die Subjekte werden vereinzelt und handeln egoistisch. Zugleich werden traditionelle Solidargemeinschaften abgebaut. Wir folgen der Ideologie, die Besten zu fördern und huldigen den Ersten. Wir feiern den Augenblick des Sieges. Doch wir übersehen und missachten die Anstrengungen, Nöte und Sorgen all derer, die nicht einmal für Momente auf dem Podest stehen.

Individuelle Interessen und öffentliche Verantwortung stehen miteinander in Beziehung. Diese Beziehung lebt vom Bedarf des Individuums nach Gemeinwohl und Solidarität.

Gelenkte Gleichheit

Lernen geschieht individuell! Keine Frage: man kann auf geistigem Gebiet jemandem zuarbeiten, für jemanden vorarbeiten und etwas zusammenfassen – aber für jemanden lernen kann man nicht, so wenig wie für jemand anderen essen oder verdauen. Der »ghost-learner« ist noch nicht erfunden. Lernen ist ein individueller Vorgang.

Berücksichtigt unser Bildungswesen ausreichend die Individualität der Lernenden? Es ist organisiert, als wären die AdressatInnen konforme Kontingente, die man nur nach bestimmten Merkmalen ein- und zuteilen müsse; z.B. nach dem Alter, nach einer einmal durchlaufenen Vorbildung, nach allgemein festgelegten Leistungskriterien, nach erhaltenen Noten. Dabei scheint es offizielle und heimliche Merkmale zu geben. Zu den offiziellen gehören das Alter, das zum Schuleintritt verpflichtet oder das Ende der Schulpflicht angibt, zu den inoffiziellen die Zugehörigkeit zu einem bestimmten sozialen Milieu, wovon es mehr oder weniger abhängt, welcher Bildungsweg durchlaufen wird. Die Aussage, Bildung wird »vererbt« fasst dies medial wirksam aber leider treffend zusammen.

Meine Ansicht lautet: Unser Bildungswesen gibt wenig Gelegenheit für individuelle Entfaltung oder Entwicklung. Es folgt vielmehr, als Großorganisation, schematischen Vorgaben, denen sich die lernfreudigen und zum Lernen verpflichteten Individuen zu unterwerfen haben (vgl. Salcher, 2008). Von einer Konzeption, wie sie der Organisationsberater Reinhard Sprenger (geb. 1953) vorschlägt, um den Wert des Individuums zu achten, sind wir im Bildungsbereich weit entfernt. Sprenger (2000) meint, die Organisation solle sich an die Individuen anpassen, sozusagen um sie herum »gebaut« werden. Nur dann sei optimale Entfaltung des Einzelnen möglich. Das verbinde sich auch damit kontrollierende Maßnahmen zu vermeiden: Leistungsvereinbarung, Zielwerte oder ähnliches lehnt Sprenger ab. Für ihn gibt es nämlich keine Motivation von Menschen. Er meint aufgrund seiner Erfahrungen: Menschen kann man nur demotivieren. Alles, was wir benötigen, sei Vertrauen. Vertrauen entsteht, so seine Botschaft, indem wir vertrauen.

Die Vorgaben, unter denen Lernen geschehen soll, orientieren sich an übergreifenden Kriterien. Solche sind: ein gemeinsamer Lehrplan, gleiche Zeitvorgaben, gleiche Leistungsansprüche, einheitliche Lehrbücher oder Lehrmaterialien, einheitliche Formen der Stoffrezeption und –wiedergabe, übereinstimmende Zielsetzungen ... Solche allgemeinen Kriterien gelten meist für Institutionen, Klassen oder Kurse; wo sich diese voneinander unterscheiden, bleiben sie jedoch innerhalb des jeweiligen Lernverbandes auf Übereinstimmung nicht aber auf Differenzierung ausgerichtet. Die fünfstufige Notenskala ist das einheitliche Beurteilungsinstrument dieser an Gleichheit orientierten Organisation.

Allerdings meine ich, mit dieser Gleichheit verbindet sich kein idealer Anspruch an Gerechtigkeit. Ich halte die im Bildungswesen praktizierte Gleichheit vielmehr für das Produkt von bürokratischen Strategen, um die Verwaltung des Bildungswesens zu organisieren. Diese Gleichheit ist Instrument der Außenlenkung. Sie bietet den lernenden und studierenden Individuen nur wenige Chancen, die Bildungsprozesse nach individueller Notwendigkeit und individuellen Erfordernissen zu steuern.

Selbstgesteuertes Lernen

Im pädagogischen, lernpsychologischen und bildungspolitischen Zusammenhang wird Individualisierung mit der Intention zur Selbststeuerung von Lernen verbunden. Individualisierung wird als Weg verstanden, der Schematisierung entgegenzuwirken und zu entkommen. Mit dem Begriff »selbstorganisiertes Lernen« wird zum Ausdruck gebracht, dass nicht allgemeine Regeln sondern individuelle Interessen im Vordergrund stehen. »Selbstorganisiertes Lernen« wendet sich kritisch gegen Formen und Folgen von Verschulung und Außensteuerung des Lernens: »Gegen die Organisiertheit und damit immer auch an allgemeinen Kriterien orientierte administrative Regulation von Lehr- und Lernverhältnissen setzen sie das Prinzip der Befolgung spontaner Lernanlässe durch die Betroffenen selbst. Hierdurch soll der Situationsbezug gesichert werden. Gegen die Position eines bevorrechtigten Lehrers oder Experten setzt selbstorganisiertes Lernen eine Art gemeinschaftliches Gruppenlernen, in dessen Verlauf jeder je nach Gelegenheit, Kompetenz und Bedarf Lehrender und Lernender sein kann.« (Terhart, 1989, S. 126f.).
Ob ein Lernen eher als »gesteuert« oder als »selbstgesteuert« zu bezeichnen ist, hängt von folgenden Komponenten ab:

- wie eng oder wie weit Ziele und Standards vorgegeben sind;
- ob bestimmte Strategien und Formen oder ein Zeitbudget für die Aufnahme und Verarbeitung von Informationen festgelegt sind; ob ein unver-

rückbarer Lernablauf oder die eigene Wahl des Lernweges gegeben sind;
- wie nahe sich Kontrolle, Überprüfung und Bewertung an den Vorgaben orientieren;
- ob die Lernumwelt Spielraum für selbständige Gestaltung und Kontrolle der Lernprozesse zulässt.

Je stärker Lernende diese Komponenten selbst beeinflussen können, umso eher ist von »selbstgesteuertem Lernen« zu sprechen (vgl. Neber, 1978, S. 40f.).
Als Beispiel für die Individualisierung von Lernen und Studieren zählten bislang unter der Bezeichnung »independent study« oder »independent learning«: angeleitetes Selbststudium, Heimstudium, Korrespondenzstudium, Fernstudium, Offenes Lernen. In unserer Studienorganisation halte ich Diplomarbeit, Magisterarbeit, Doktoratsstudium und Dissertation für einen – zumindest der Möglichkeit nach – individualisierten, selbstorganisierten Studienteil. Alle Arten von Lernmaterialien – Skriptum, Buch, Internet, selbst abrufbare Lehrfilme und Lernprogramme – ermöglichen individuelle Selbststeuerung von und individuelle Vorgangsweise bei Lernprozessen. Im schulischen aber auch im universitären Bereich ist es inzwischen selbstverständlich geworden auf selbstorganisierte Lernende zu bauen. Sie erhalten, je nach Lehrqualität, Hinweise auf Themen und sollen sich mit Hilfe der Information im Internet Ergebnisse erarbeiten. Die Grenzen zum Plagiat verschwimmen dadurch unreflektiert. Die Auslieferung an die Übernahme von vorgefertigtem Wissen, so kann man besorgt einwenden, ist im Gang.
In der Erwachsenenbildung sind individualisierende Aspekte verstärkt zu bemerken: Beratung in unterschiedlichen Formen und Bereichen (Jugend, Familie, Sozialfragen, Recht, Zweiter Bildungsweg); diverse Formen von Einzelunterricht (Lernhilfe, Musik); Sprachunterricht, insbesondere bei Einsatz des Sprachlabors; variierbare Angebote auf dem Sektor »Gesundheit und Bewegung«; offener und laufender Einstieg in EDV-Kurse sowie Non-Stop-Kurse für Sprachen.

Individualisierenden Charakter hinsichtlich bestimmter Themenstellungen bringen »Wissensbörse« und »Wissenschaftsladen«. Beide wollen individuellen Fragen und Lernbedürfnissen von Einzelnen aber auch von Organisationen und Betrieben mit Wissenserwerb und Auseinandersetzung begegnen. Ebenfalls zu nennen sind die Tandem-Sprachkurse, wo ein Lernender mit einem Lehrenden über eine bestimmte Zeit eine Art Lernabkommen trifft oder einen Lernvertrag abschließt. Moderne Formen sind das Coaching oder die Arbeit mit einem »personal trainer«. Beides ermöglicht individuellen Lernbedarf zu erörtern und zu beantworten.

Trotz dieser individualisierenden Formen entsteht der Eindruck, dass in der allgemeinbildenden Erwachsenenbildung Individualisierung keine eindeutige Zielsetzung oder Absicht darstellt. Der Grund ist nicht mangelndes Einverständnis mit dem Ziel Individualisierung. Die Realisierung dieses Ziels erfordert die Umstellung bisheriger Bildungsarbeit. Diese Reorganisation bringt finanziellen und personellen Aufwand mit sich – sie setzt ein konzeptionelles Umdenken hinsichtlich Bildungsaufgabe, Zielgruppen und pädagogischem Handeln voraus. Doch das personelle Potential für solche Reformen fehlt in Österreich.

Flexible berufliche Weiterbildung

Anders stellt sich die Situation in der beruflichen Weiterbildung. Hier hat sich der Trend zur Individualisierung verstärkt, denn – Fortbildung soll dort eingesetzt werden, wo sie etwas nützt, wo sie unmittelbar verwertbar und brauchbar ist. Erst sind die Bedürfnisse eines Betriebes oder der Mitarbeiter zu analysieren, bevor ein Weiterbildungsangebot konzipiert wird. Es kann nicht mehr davon ausgegangen werden, dass ein unabhängig von den Betriebserfordernissen entwickeltes Bildungsprogramm den Erwartungen eines Betriebs gerecht wird. Die sich seit einigen Jahren stark verändernde Organisation von Arbeit und Dienstleistungen, die Etablierung neuer Produktionskonzepte, unterschiedliche

Arbeitszeitmodelle, der Einsatz von Weiterbildung für Personal- und Unternehmensentwicklung, der Wunsch nach Rentabilität der Investition in Bildungsarbeit und schließlich auch die Sicht des Betriebs als Lernort, unterstützen individualisierende Tendenzen in der Weiterbildung. Wie im betrieblichen Geschehen wird auch in der Weiterbildung den ArbeitnehmerInnen ein höheres Maß an Verantwortung zugeschrieben. Nicht nur die Arbeitstätigkeiten werden in verschiedenen Bereichen intensiver, komplexer und verantwortungsvoller – analog dazu auch die entsprechenden (Weiter-)Bildungsmaßnahmen. Mit Gautier-Moulin (1990, S. 308) ist diese Entwicklung in Europa schon seit etwa zwei Jahrzehnten festzustellen: »Es ist nicht mehr möglich, heute ein einziges Ausbildungsmuster anzubieten, das alle Beschäftigten zur gleichen Zeit beginnen und beenden; man muss vielmehr Bildungseinheiten anbieten, die in ihrem Beginn und Ende variabel gehalten sind und die den unterschiedlichen Leistungsvermögen der Beschäftigten angepasst sind. Schließlich wird es auch nötig sein, die Ausbildungsinhalte zu modifizieren. Folglich können Bildungsmaßnahmen nicht mehr mit ‚schlüsselfertigen Produkten' durchgeführt werden, sondern sie müssen das Gesamtspektrum nachgefragter Leistung abdecken.«
Mit dem Wandel zu kurzfristiger, flexibler und spezifischer Fortbildung verblassen allerdings traditionelle Ziele humaner und emanzipatorischer Art. Nicht zuletzt weil letztere auf längerfristigere, beständigere Auseinandersetzung angewiesen sind und es sich dabei nicht um rasch erlernbare Inhalte, sondern um dauerhafte Haltungen und Einstellungen handelt. Berufliche Bildungsmaßnahmen und Fortbildung werden in Hinblick auf ihre Nützlichkeit und Verwertung kalkuliert. Andere Werte treten in den Hintergrund.

Individuen als Masse

Der etwas diffuse Begriff »gesellschaftliches Lernen« meint, nicht nur Individuen sondern die ganze Gesellschaft könne lernen. Der Begriff kommt aus dem Bereich der Organisationsberatung, wo man davon ausgeht, dass nicht nur der einzelne Mensch, sondern ganze Abteilungen oder Institutionen lernen sollen. »Organisationales Lernen« hat sich inzwischen als eigenes Angebotssegment und als »Organisationspädagogik« (vgl. Geißler, 2000) etabliert.

Auf die Gesamtgesellschaft bezogen meine ich solche Lernprozesse konstatieren zu können. Wir, in westlichen Industriegesellschaften, haben individuell und gesellschaftlich gelernt, mit Lesen und Schreiben umzugehen, Informationen aufzunehmen, Verkehrsgeschehen zu bewältigen, mit Demokratie zu leben oder Nächstenliebe in Form von Spenden auszuüben. Wir haben natürlich auch gelernt, uns anderen Kulturen überlegen zu fühlen, als Touristen von Leid, Hunger, Überbevölkerung in den besuchten Ländern unbeeindruckt zu bleiben, mit der Umweltvernichtung zu leben, Bedrohung durch Atomwaffen zu negieren, Kriege für unvermeidlich zu halten, Konsum zu genießen oder Konkurrenz und Leistungsdruck zu ertragen.

»Gesellschaftliches Lernen«, nicht neutral verstanden, heißt, die Probleme unserer Gesellschaft zu erkennen, zu analysieren, zu überlegen und zu lernen, ob und wie sie zu bewältigen sind. Dazu ist neben individueller Anstrengung auch Solidarität zu erlernen und zu üben. Solidarität in einem weiten Sinn: das schließt die Fähigkeit ein, interdisziplinär und international zusammenarbeiten sowie interkulturell leben, fühlen und denken zu können.

Mein genereller Eindruck von Bildungsmaßnahmen ist allerdings, dass sie nicht Solidarität kultivieren, sondern nach den Prinzipien Konkurrenz und Vereinzelung organisiert werden. Wo Individualisierung vor sich geht, handelt es sich oft um Isolierung, Ab- oder Ausgrenzung.

Ist es ein Ziel, möglichst vielen Menschen Zugang zu Bildung zu eröffnen, so gehört bedacht, ob und in welcher Weise »Massenbildung« möglich ist. Die gegenwärtige Diskussion über die Reform unserer – immer mit negativer Betonung so genannten

– »Massenuniversität« verläuft unter den Gesichtspunkten Trennung und Differenzierung: Fachhochschulen wurden neu gegründet, um ein höheres Maß an Effektivität und wirtschaftlicher Verwertbarkeit zu erreichen. Pointiert hervorgehoben scheint als Zielsetzung zu gelten: das nützliche Individuum in einer gleichgültigen Gesellschaft. Gleichgültigkeit lautet meiner Meinung nach das gesellschaftliche Lernziel; es handelt sich um eine Gleichgültigkeit gegenüber den Ursachen von Armut, Schmerz und Leid bei anderen Menschen und Völkern – das schließt individuelle Hilfsbereitschaft und Spendenfreudigkeit nicht aus. Wir leben mit dem Problem der fortschreitenden Spaltung unserer Gesellschaft. Die Berichte und Aussagen wiederholen sich, die das Reicherwerden der Reichen und weitere Verarmung der Armen belegen.

Neue Lehrfunktionen

Auch der Lernpsychologie ist schon länger bekannt, dass Lernprozesse individuell verschieden ablaufen. Besonders das Zeitmaß, in dem bestimmte Lernleistungen vollbracht werden, gilt als höchst unterschiedlich. Die Leistungen steigen, je mehr das Individuum seinem eigenen Zeitbedarf folgen kann.
Erwachsene Lernende kennzeichnet Heterogenität aufgrund unterschiedlicher Lern-, Lebens- und Berufserfahrungen. Alle wissenschaftlichen Erkenntnisse in diesem Zusammenhang legen individualisierendes Lehrmethoden nahe. Die pädagogische Praxis hat bislang nur bescheiden darauf reagiert. Pädagogische PfadfinderInnen berücksichtigten schon länger Lernbedürfnisse des Individuums – allerdings nur für Kinder. Célestine Freinet (1896 – 1966), Peter Petersen (1884 – 1952) und sein Jena Plan, Maria Montessori (1870 – 1952) und Anna Freud (1895 – 1982) sind Beispiele aus der Epoche der »Reformpädagogik«.
Individualisierung meint nicht Isolierung und Vereinzelung. Individualisierung bedeutet auf pädagogischem Gebiet den Ver-

such, dem Einzelnen in seiner Bildungsbereitschaft und in seiner Lernfähigkeit oder, um es mit aus der Mode gekommenen Begriffen auszudrücken, dem Einzelnen in seiner Bildsamkeit und in seiner Individuallage gerecht zu werden.
Soll Individualisierung realisiert werden, sind Konsequenzen bezüglich der Organisation und der Vermittlung von Inhalten sowie in Hinsicht auf Funktion und Rolle von Lehrenden zu ziehen. Die Aufgaben, die sich für die Lehrenden bei individualisierten Lernprozessen ergeben, entsprechen nicht mehr der traditionellen Lehrerrolle. Die Lehrenden können nicht mehr die Vermittlung von Inhalten als Hauptproblem ihrer Tätigkeit definieren. Neue Funktionen werden für die Tätigkeit der Lehrenden bedeutsam:

- die Fähigkeit die Lernenden einzuschätzen: diagnostische Funktion;
- Programme für die weitere Entwicklung der Lernenden anzubieten: prognostische Funktion;
- über individuelle Lernkontrakte und –arrangements zu verhandeln: arrangierende Funktion;
- Kontakte im neuen Lernfeld und in der neuen Lernumwelt herzustellen: kontaktvermittelnde Funktion;
- dem Lernenden helfen, persönliche und motivationale Probleme zu lösen: beratende Funktion;
- Verbindungen zu anderen Lernenden anregen und herstellen: soziale Funktion;
- Lernmaterialien bereitstellen, Sozialphasen einrichten: organisierende Funktion;
- Erfolge und Misserfolge, Leistungen und Engagement beurteilen: rückmeldende Funktion.

Für Träger und Institutionen der Weiterbildung stellt sich die Frage, wie weit sie bereit sind, ihre Organisation auf selbstgesteuertes, individualisiertes Lernen umzustellen. Das betrifft den räumlichen Bedarf, die Einrichtung neuer Arbeitsplätze (z.B. für Berater), die Aufstellung von Medien, Unterrichtsmaterialien, Skripten und Büchern, eventuell das Zugeständnis von Selbstverwaltung. Die Weiterqualifikation von Lehrenden und BetreuerInnen ist zu überlegen; man wird vorwiegend auf ihre autodidaktischen Bemühungen angewiesen sein.

Nützt Weiterbildung den Freiraum, den sie aufgrund der geringen Einbindung in das bürokratisierte Bildungswesen hat, ergibt sich für Erwachsene die Chance zu selbstbestimmtem Lernen. Die damit verbundenen Auswirkungen liegen auf mehreren Ebenen:

- Durch Berücksichtigung der Lerninteressen, -fähigkeit und –probleme der Einzelnen, durch Übertragen der Verantwortung und Steuerung der Lernprozesse an die Einzelnen, entwickeln sich, abgesehen von Lernkompetenz, auch Eigenschaften wie Selbstvertrauen und Selbstwertgefühl.
- Ausreichende Möglichkeit zur Beratung und Betreuung von sowie zur Kooperation und Kommunikation zwischen Lehrenden und Lernenden, trägt zu einer Form sozialen Lernens bei, die von den Wünschen, den Bedürfnissen und von den Initiativen der Erwachsenen abhängt.
- Rückmeldung über den Lernerfolg, Beratung der Lernenden, gemeinsame Erörterung des Lernzieles und des Lernweges tragen zu einer neuen Qualität der sozialen Betreuung Erwachsener bei.
- Die nötige thematische Aufbereitung des Lehrstoffes für individualisierte Lernsituationen erfordert curriculare Innovation, Herstellung von Selbstlernmaterialien, Eingehen auf die Lernsituation Erwachsener. Didaktik der Weiterbildung wird ein wichtiges Experimentier- und Forschungsfeld.
- Wird dem Individuum Freiheit bei Wahl, Organisation, Planung und Ablauf des Lernens eingeräumt und der Erfolg durch Zertifikat anerkannt, so verlieren bürokratisch genormte Bildungsgänge ihre Attraktivität – ein weiterer Schritt zur Demokratisierung des Bildungswesens ist damit getan.

Selbstorganisiertes, individualisiertes Lernen mit dem Ziel »eigen-sinniger« Bildung entspricht einem wichtigen Aspekt im Konzept des lebenslangen Lernens: Die Lernenden in den Mittelpunkt zu stellen, um ihre Eigenverantwortung zu stärken.

UNIVERSITÄT FÜR ALLE

Gewollte Ungleichheit
Bildungskatastrophen
Anspruch auf die Besten
Freie Kapazitäten
Ökonomisierung
Fehlender Zusammenhalt
Soziale Dimension
Konkurrenz statt Kooperation
Ferien
Freiwillig lehren

Gewollte Ungleichheit

Bildungspolitik bringt die Gegensätze und Widersprüche in unserer Gesellschaft zum Ausdruck. Die politischen Positionen repräsentieren das jeweilige Klientel – und gäbe es keine Unterschiede in den Interessen, käme es auch nicht zu einer unterschiedlichen Positionierung.

Der Zugang zur Bildung, die absolvierten Lernwege und die Höhe der Abschlüsse hängen eng mit der sozialen Herkunft der jungen Generation zusammen. Wenn nicht besondere Fördermaßnahmen gesetzt und organisatorische Unterstützung geleistet werden, bleibt das bestehende Bildungswesen sozial selektiv. Zu solchen Maßnahmen gehören, wie viel und öffentlich diskutiert und sogar mit einem Bildungsvolksbegehren anvisiert: Ausbau der öffentlichen Elementarbildung, eine Schulform, die die Entscheidung über den weiterführenden Bildungsweg nicht zu früh festlegt, bessere Übergänge zwischen den einzelnen Bildungswegen, Anreicherung der beruflichen Ausbildung um allgemeinbildende und persönlichkeitsbildende Anteile.

Die unterschiedlichen Gruppeninteressen ergeben sich daraus, dass die politischen Parteien und ihre Gefolgsleute es ausreichend finden, die Erwartungen ihres Klientels zu erfüllen. Bildung wird als Mittel der sozialen Abgrenzung gegenüber anderen interpretiert. Daraus begründet sich das Beibehalten der sozialen Hürden, Unterschiede und Ungleichheiten. Ideologisch verbrämt wird argumentiert, dass Leistung und Begabung die Ursachen für zunächst schulischen und später beruflichen Erfolg seien.

Aber ist das nicht lächerlich, wenn wir einige Zahlen heranziehen. Zurzeit absolvieren etwa 40% eines Jahrgangs die Matura, vor 50 Jahren waren es um die Hälfte weniger. In den 1970er Jahren betrug die Studierendenzahl etwa 53.000, inzwischen hat sie sich verfünffacht und liegt bei 265.000 (vgl. BMWF, 2011). Am auffälligsten scheint mir die geschlechtsspezifische Verteilung: Um 1900 war die Anzahl der Studentinnen an Universitäten um Null – heute, gute hundert Jahre später, sind mehr als die Hälfte aller Studierenden weiblich. Ist Begabung vom Himmel gefallen? Hat sich Leistung epidemisch ausgebreitet? Nein, der gesellschaftliche Bedarf und die politischen Rahmenbedingungen haben sich geändert. Eine Öffnung des Bildungssektors ist vor sich gegangen. Sichtbar, an den genannten Zahlen, für das weibliche Geschlecht. Die Argumente der Universität, wie sie gegen die Aufnahme von Studentinnen bis zur Jahrhundertwende und danach vorgebracht wurden, erscheinen uns heute skurril und weltfremd. Als Wunschvorstellung an das weibliche Geschlecht galt: gebildet aber nicht gelehrt (vgl. Simon, 2004, S. 160).

Bildungskatastrophen

Katastrophen im Bildungsbereich? Im Gefolge des Sputnik-Schocks, gemeint war die russische Überlegenheit bei Flügen in den Weltraum in den späten 1950iger Jahren, investierten die USA ungeheure Geldmengen in Elementarbildung, Bildungsfernsehen und in die Aktivierung von Bildungsreserven. In dieser Zeit schien Deutschland eine »Bildungskatastrophe« (Picht, 1964) zu drohen. Zu wenig und schlecht qualifizierte LehrerInnen, ungleiche Bildungschancen aufgrund regionaler und sozialer Benachteiligung, zu niedere MaturantInnenquote waren einige der Gründe, um eine tiefgreifende Bildungsreform mit deutlich erhöhtem Budget zu fordern.

Im Sommer 2011 befürchtete der Rektor der Universität Wien eine »Katastrophe« – zu viele Studienwillige hätten sich vorangemeldet. Die Universität habe zu wenig Ressourcen, um alle adäquat zu betreuen. Die Aussage, die sich im Herbst übrigens nicht bestätigte, kam in die Schlagzeilen und fiel in oder füllte das berühmte »Sommerloch«. Wenig beunruhigt lehnten sich alle Uni-Angehörigen ferial zurück. Die Diagnose, wir sind chronisch unterfinanziert, befreit vom Nachdenken über neue

Strategien. Die politisch Verantwortlichen wiederholen stereotyp ihre Abwehrhaltung: Studiengebühren und Regelung des Zugangs zur Universität liefern der Universität neue Qualität.
Die Katastrophe liegt in der Missachtung von Bildungsinteressen, im Phlegma gegenüber dem Anliegen der jungen Generation, sich so gut wie möglich auf ihre Zukunft vorbereiten und wissenschaftliche Erkenntnisse erfahren zu wollen. Übrigens: Nach letzter Auswertung der Neuinskriptionen, ist der befürchtete Ansturm von Studierenden in ganz Österreich ausgeblieben. Na, also! Geht doch! Wozu etwas ändern?
Das Anliegen sich zu bilden und weiterzubilden, zu lernen und weiterzulernen ist in eine neue gesellschaftliche Phase getreten. Es soll in der ganzen Lebensspanne möglich sein. Doch es ist unklar, wie es gesellschaftlich organisiert und individuell erreicht werden kann. Doch kein Grund zum Stillstand, sondern eine attraktive Herausforderung? Wie können sich möglichst viele Menschen im Laufe ihres Lebens Bildung erschließen?

Anspruch auf die Besten

Bildungskatastrophe? In der Realität der 1950er und 1960er Jahre, es war die Epoche des Kalten Krieges zwischen Ost und West, ernst genommen, aus heutiger Sicht überholt. Allerdings nur weil die Zugänge zu Bildung politisch geschaffen und erweitert wurden. Eine andere Wirklichkeit hat eine Chance bekommen. In diesem historischen Prozess das Bildungswesen weiterhin zu öffnen befinden wir uns noch immer. Universitäten bleiben ein gutes, oder je nach Sichtweise, ein schlechtes Beispiel. Sie klagen über zu viele Studierende und zu wenig finanzielle Absicherung. Seit 2002 in Autonomie können Universitäten ihr Globalbudget, das alle Ausgaben und Investitionen umfasst, selbst verwalten. Das Wissenschaftsministerium agiert als eine Kontrollinstanz und schließt mit den Universitäten Leistungsvereinbarungen ab.

Zu viele Studierende an den österreichischen Universitäten? Gefordert wird, wie bei den Fachhochschulen, von denen sich Universitätsangehörige ansonsten mental gerne abheben, es sei denn, sie werden, worüber man aber nicht spricht, als Lehrbeauftragte dort zusätzlich und gut besoldet, eine Studienplatzfinanzierung – also pro StudentIn einen gewissen staatlichen Zuschuss, wonach dann die Aufnahmekapazität festgelegt wird. Gefordert werden Zugangsregelungen, die einem Studienzweig erlauben, bei zu großem Zuspruch eine bestimmte Aufnahmezahl festzulegen und Aufnahme- und Eignungstests durchzuführen. Öffentlich aufmerksam werden wir besonders im Fach Medizin, wo sich etwa dreimal so viele InteressentInnen bewerben als Studienplätze zur Verfügung stehen. Ein Berufsfeld, in dem trotz ausgebuchter Studienplätze und entsprechender Zahl an AbsolventInnen, Landpraxen wegen mangelndem Interesse geschlossen werden müssen. Ein regionales Problem, das es auch bei Pfarrern und LehrerInnen gibt – aber wer ist schon geneigt Zusammenhänge mit der Institution, der Art ihrer Ausbildung und der Berufstätigkeit herzustellen?

Nicht zuletzt häufen sich in letzter Zeit Meldungen über Studien, die mehr als die Hälfte der praktizierenden ÄrztInnen aufgrund ihrer ständigen hohen Arbeitsbelastung von Burn-out bedroht sehen. Ein Zusammenhang zwischen der Zahl der Studierenden und dem beruflichen Bedarf – und der Umverteilung von Finanzmittel – ist zur Zeit offensichtlich nicht erwünscht! Sonst müssten wohl mehr Studienplätze für Medizin geschaffen werden!

Der Ruf nach Zugangsbeschränkungen motiviert sich seitens der Universitätslehrer mit dem Wunsch nur die besten Studierenden für sich gewinnen zu wollen. Wo wohl dann die Zweit- und Drittbesten studieren? Wo studieren eigentlich die Besten jetzt? Ob sie sich an die großmütterliche Weisheit halten – den Besten, den hat die Katze gefressen.

Diese Sehnsucht zu den Besten zu gehören und nur solche lehren zu wollen ist das Anliegen von HochschullehrerInnen, die offensichtlich ein erhöhtes Ansehen ihrer selbst anstreben. Viele von ihnen haben mit sich selbst genug, sind an Studierenden nicht besonders interessiert – es sei denn als Mittel sich selbst zu beweihräuchern. Der Zustrom an Studierenden betrifft allerdings nicht die ganze Universität sondern immer nur einige Studienzweige: Betriebswirtschaft, Volkswirtschaft, Politikwissenschaft, Psychologie, Pädagogik, Medizin ... Aber trotzdem stimmen fast alle in den Chor ein: nur die Besten auswählen, denn ich möchte auch zu diesen dazu gehören.

Freie Kapazitäten

Doch die »Überfüllung« der Universitäten ist keineswegs in ganz Österreich gegeben. Zu Beginn des Studienjahres 2011/2012 wirbt die Universität Linz um mehr Studierende. In ihren hauptsächlich wirtschaftsorientierten Studiengängen habe sie noch für zwei- bis dreitausend Studierende Platz. Eineinhalb Bahnstunden von Wien entfernt, wäre das eine attraktive Gelegenheit einen »Bildungszug« zu etablieren. Zumindest bis der Neu- und Ausbau der Wiener Wirtschaftsuniversität, der mit knapp 500 Millionen Euro veranschlagt ist, umgesetzt wird.
Selbst innerhalb der »Massenfächer« ist die Auslastung der ProfessorInnen in Lehre und Betreuung höchst unterschiedlich. Ich sollte noch hinzufügen, dass von UniversitätsprofessorInnen pro Semester zumindest 8 Stunden Lehre und maximal 12 Stunden (extra bezahlt diese Mehrleistung, versteht sich) erwartet werden. Wenn sich nun 30 Studierende in einem Seminar anmelden, die Gruppengröße allerdings mit 24 Studierenden festgelegt wurde, entstehen zwei Seminare mit z.B. je 18 und 12 Studierenden und schon sind 4 Stunden Lehre erfüllt. Oder ein konträres Beispiel: Es wird für alle Studierenden eines Semesters eine Vorlesung angeboten, die, je nach Fach zwischen 200 oder 500 Studierende besuchen. Das kann auch die zweistündige Lehrverpflichtung eines Lehrenden sein!

Ähnliches geht bei der Betreuung von Abschlussarbeiten vor sich. So fühlt sich z.B. ein Professor mit zwei Master-AbsolventInnen pro Jahr, also einem Abschluss pro Semester genug ausgelastet und denkt sich seinen Teil über einen Kollegen, der zwölf AbsolventInnen im Jahr, also sechs pro Semester hat. In dieser Szene passt noch ein dritter Professor (die männliche Form wähle ich absichtlich), der überhaupt keine AbsolventInnen hat. Er erklärt, akademisch würdevoll und saturiert durch seine monatliche Bezahlung, zu mir kommen keine Studierenden – ich bin ihnen wohl zu anspruchsvoll!

Hunger nach Bildung? Was die Universitäten betrifft, in denen ich jetzt 40 Jahre Berufserfahrung gesammelt habe, bin ich überzeugt, schon mit den vorhandenen Mitteln und dem bestehenden Personal, könnten sie mehr tun, um diesen Hunger zu stillen. Bestehende Ungleichheiten in der Auslastung, sind ja nur ein Anstoß für die Frage, ob die Tertiäre Bildung dem gesellschaftlichen Bedarf und den individuellen Bildungsinteressen entsprechend organisiert ist.

Der wiederholte Ruf nach Zugangsbeschränkungen und der neue, nach einem Numerus clausus, gewissermaßen als Neujahrsbotschaft 2012 des amtierenden Wissenschaftsministers, erfolgen nach einem alten Muster: Wir brauchen mehr Geld denken aber nicht an eine innere Reform der Universitäten, um mehr Kapazitäten zu schaffen.

Genauso wenig wird eine strukturelle Reform der Universitäten und des Tertiären Sektors in Betracht gezogen. Die Autonomie hat den österreichischen Universitäten Konkurrenz gebracht, keineswegs Überlegungen wie Studienangebote gemeinsam gestaltet und Ressourcen, besonders an regionalen Standorten, gemeinsam genutzt werden könnten.

Innere und äußere Reform sind effektive Wege für alle Hochschulinstitutionen, die zu den Besten gehören wollen. Interessierte und interessante Studierende kommen dann von selbst.

Ökonomisierung

Der Vorwurf, das Bildungswesen werde vom Kapitalismus in Dienst genommen, trifft nur einen Teil der Realität. Die Ökonomisierung, die Umsetzung kapitalistischer Werte wie Profit, Konkurrenz oder Ausbeutung von Abhängigen erfolgt durch die Angehörigen des Bildungssystems. Universitätslehrer erhalten ihr Zusatzeinkommen durch Lehre an den Fachhochschulen, Projekte, Tätigkeit als Gutachter. Sie haben Praxen, sind Teilhaber, Berater, Konsulenten, sitzen in Aufsichtsräten, schreiben Schul- und Lehrbücher. Wie ein leitender Banker kürzlich meinte, um gute Leute zu bekommen, müsse man eben viel bezahlen: das ist in ökonomischen Kategorien gedacht. UniversitätslehrerInnen denken vielleicht, sie müssen dazuverdienen, um als »gute Leute« zu gelten.

»Bildung durch Wissenschaft« lautet das Ideal! »Viel Geld verdienen als Wissenschaftler« die Realität! Beispiele in den anderen Bildungssektoren gibt es natürlich genug!

Die Ökonomisierung des Bildungswesens ist keine dunkle Macht, die die helle Bildungslandschaft bedroht, sie ist kein kapitalistischer Geist, der die reinen humanistischen Gemüter anweht. Die Ökonomisierung wird von den Angehörigen des Bildungssystems praktiziert. Insofern liegt es in ihrem Interesse ihre Situation zu schützen, zu bewahren, abzusichern. Mehr StudentInnen verursachen mehr Arbeit. Abwehr durch Ausleseverfahren!

Wenn wir ökonomisch denken, stellt sich aber die Frage, wieso an und bei den Universitäten sowie im gesamten Tertiären Sektor nicht über Einsparpotential und Verbesserung der Leistung intensiv nachgedacht und konferiert wird. Selbststeuerung und Selbstbeschränkung, Selbstorganisation und Selbstverantwortung, sind im autonomen Sektor der Universität ungeliebte Vokabel. Geschickt wird deshalb formuliert, die Politik soll genaue Vorgaben geben, was sie von den Universitäten erwartet. Mich wundert, dass Universitäten nicht klarer definieren, was sie hinsichtlich der Lehre und Betreuung von Studierenden leisten können. So bleibt es ein Spiel mit verdeckten Karten.

Fehlender Zusammenhalt

Unser differenziertes Bildungssystem folgt dem Muster der Arbeitsteilung und der Industrialisierung. Es repräsentiert das Denken des 18. und 19. Jahrhunderts – das betrifft als Vorbild die ständische Gesellschaft, in der allen ein vorgegebener Status zugeteilt wurde. Demgemäß wurde bereits durch die Schule eingeteilt, wer später in der Gesellschaft welche unterschiedlichen Leistungen erbringen sollte. Daran hat sich bis heute nichts Entscheidendes geändert.

Ein demokratisches Verständnis von Gesellschaft und Bildungswesen könnte anders zum Ausdruck kommen: Die Aufnahme in die Schule erfolgt kontinuierlich, wobei Kindergarten, jetzt auch »Bildungsgarten« genannt, und Grundschule örtlich verschränkt sein sollten. Übergänge kommen auch räumlich zum Ausdruck. Unser fragmentiertes Bildungswesen bevorzugt eben das Trennende nicht den Zusammenhang.

Was uns fehlt, sind baulich und pädagogisch geplante Bildungszentren, die für unterschiedliche Altersgruppen und AdressatInnen, für unterschiedliche Bildungsangebote und Bildungsanliegen nutzbar sind. Dem zersplitterten Bildungswesen fehlen Orte der Gemeinsamkeit.

Die alltägliche Erfahrung zeigt uns Vorteile beim Zusammenschluss kleinerer, bislang getrennter Einheiten zu neuen komplexen Einrichtungen. Es mag als Vergleich frivol klingen, aber die Menschen genießen IKEA, weil alle Angelegenheiten des Wohnens vereinigt sind, sie schätzen Arztpraxen, Krankenhäuser mit diversen ausgestatteten Abteilungen, große Kaufhäuser, Einkaufsstraßen und –zentren. Wir könnten es nicht verstehen, wenn wir, abhängig von der Länge unserer Reise, jeweils ganz unterschiedliche Zugangsbedingungen zu verschiedenen Bahnhöfen oder Flughäfen in einer Stadt hätten. Unsere Bildungswege haben zu viele Hürden und Sackgassen und zu wenige Zugänge für Lernwillige, die, nach einer ersten Lern- und Berufsphase, Lernen wieder aufnehmen wollen.

Etwas polemisch ausgedrückt bieten unsere Schulen halbtägiges Zusammensein, wobei unterschiedliche Themen jeweils eine knappe Stunde behandelt werden. Fragmentierung auch inhaltlich. Intensivere Beschäftigung mit einem Thema, gemäß den individuellen Interessen, ist im konventionellen Unterricht nicht vorgesehen. Die soziale Gemeinschaft zerfällt erst recht beim Studium. Dort wird jede und jeder sich selbst die oder der Nächste. Das anglo-amerikanische Hochschulsystem bietet sozialen Zusammenhalt, indem eine Gruppe eines Studienganges während des Studiums zusammenbleibt. Das Studium wird dann als Mitglied z.B. der »class of 2011« absolviert. Als »alumni« bleibt man über diese »class« der Universität und ihren Anliegen aufgeschlossen.

Soziale Dimension

Unser Bildungssystem beachtet die sozialen Dimensionen viel zu wenig. Es ist gar kein Thema, ob und inwiefern oder in welchem Ausmaß soziale Aufgaben zu erfüllen sind. Soziale Dimensionen sind vielschichtig und unübersehbar.

In der bildungspolitischen Diskussion spielte und spielt die soziale Gerechtigkeit eine große Rolle. Über das Bildungswesen sollte der soziale Aufstieg, je nach politischem Interesse, gesteuert, ermöglicht oder behindert werden. Gesine Schwan (geb. 1943), Professorin für Politikwissenschaft, sieht die sozialdemokratische Politik des 19. und 20. Jahrhunderts mit dem Versprechen, sozialen Aufstieg durch Bildung zu ermöglichen, gekennzeichnet (vgl. Schwan, 2011).

Mit diesem Anspruch waren besonders die Intentionen der Erwachsenenbildung für Arbeiterinnen und Arbeiter verbunden.

Der Zweite Bildungsweg, der den Zugang zur Hochschule ermöglichte, galt als Königsweg. Viele VertreterInnen der Arbeiterbewegung sehen aber in diesem Angebot hauptsächlich Anpassung an die und Stabilisierung der Machtverhältnisse. Tatsächlich bleibt der Zugang von Studierenden, deren Eltern zu den Arbeitern gezählt werden, konstant zwischen 10% und 12 % (vgl. BMWF, 2008).

Die Schule trägt mit ihrer Funktion der sozialen Zuteilung ebenso wie eine fehlende kompensatorische Elementarbildung ihren Anteil an dieser Situation. Die Öffnung der Universität, in Österreich durch sozialdemokratische Politik in den 1970er Jahren ermöglicht, hatte diesbezüglich keine Veränderung gebracht, da die konsequente Fortsetzung dieser Politik in der Folgezeit ausblieb. Zunächst war es das Diktat der Ökonomisierung, das die Universitäten in durch Manager geführte Betriebe verwandeln wollte. Studierende, die als Kunden auch Gebühren zahlten (2001 – 2007), sollten an österreichischen Universitäten der »Weltklasse« (so die Apostrophierung durch das Wissenschaftsministerium) erfolgreich für den internationalen Wettbewerb ausgebildet werden. Da die entsprechend notwendige finanzielle und personelle Ausstattung nicht erfolgte – das 100 Millionen Euro pro Jahr-Projekt »Institute of Science and Technology Austria (IST Austria)« nahe bei Wien ist ein Forschungszentrum auf der Suche nach Exzellenz –, sehen sich Universitäten mit einem großen Widerspruch konfrontiert: Sie sollen international sichtbare Forschungsleistungen erbringen und zugleich eine wachsende Zahl an Studierenden qualitativ hochwertig ausbilden.

Zugangsbeschränkungen und Studiengebühren lauten die politisch schon länger immer neu von einem Regierungspartner positionierten und immer neu vom anderen Regierungspartner abgelehnten Vorschläge, um die Situation an den Universitäten zu verbessern. Es ist sonderbar, dass Universitäten, die, wie man annimmt, die Intelligenz eines Landes versammeln, wenig Eigeninitiative für die Problemlösung aufbringen. Die Fragen sind klar:

Wie können wir unsere Erkenntnisse den vielen Interessierten als gut strukturiertes Studium anbieten?
Wie können wir Studierende darauf vorbereiten Berufspositionen zu finden, um als AbsolventInnen das im Studium erworbene Wissen und Können sowie die erworbenen Qualifikationen und Kompetenzen anzuwenden und weiterzugeben?
Wie können wir zwischen verschiedenen wissenschaftlichen Disziplinen, die sich mit ähnlichen Fragestellungen und ähnlichen komplexen gesellschaftlichen Problemen beschäftigen Kooperationen herstellen, die auch im Studium zur Geltung kommen?

Konkurrenz statt Kooperation

Trotz großzügiger Strukturen, die mit dem Universitätsgesetz 2002 beabsichtigt wurden, denken und leben Universitätsangehörige in kleinen Einheiten. Die Mentalität des Schrebergartens, den eigenen Bereich schützen, pflegen und bebauen, lässt wenig Empfinden für gemeinsame Anliegen aufkommen. Wissenschaftliche Egozentrik blüht. Deshalb werden Studierende mehr als Störung denn als Bereicherung empfunden.
Übrigens hatten ursprünglich, die posthum nach dem Arzt und Professor an der Universität Leipzig, Daniel Moritz Schreber (1808 – 1861), so benannten Gärten, in der Mitte einen großen Platz für Kinder vorgesehen, als Spiel- und Schutzraum. Solche entsprechenden Lern-, Arbeits-, Aufenthalts- und Kommunikationsräume für Studierende sind an österreichischen Universitäten keine Selbstverständlichkeit. Es entsteht der Eindruck: Studierende beleben zwar die Universität, aber sie werden nicht geliebt.
Besonders in den sogenannten Massenfächern wird den Studierenden von ihren HochschullehrerInnen nur wenig Wertschätzung entgegen gebracht. Man kann sich fragen, ob hier nur weitergegeben wird, was Universitätsangehörige selbst emotio-

nal erfahren haben. Sie lehren zwar brav, aber ihr akademisches Ansehen steigert sich dadurch nicht.

Innerhalb der Gesellschaft erfüllt die Universität neben der innovativen Wissensproduktion die soziale Aufgabe Wissen zu vermitteln und kritisches Bewusstsein bei den Studierenden zu fördern. Mit den vielen Studierenden hat sich das Aufgabengebiet der Universität verändert. Zur Kernaufgabe Forschung – Hervorbringen neuen Wissens, neuer Ideen, Entdeckungen und Erfindungen – kommt seit den 1960er Jahren als zweite Kernaufgabe die Lehre. Sie war bis dahin eine Begleiterscheinung der Forschung – ForscherInnen lehrten, welche und wie sie Erkenntnisse erarbeiteten. Wenige Professoren in einzelnen Fachbereichen und ihre wenigen Assistenten (Wissenschaft war männlich dominiert!) reichten aus, um die Lehraufgaben gegenüber den meist persönlich bekannten Studierenden zu erfüllen. Das Organisationsmuster ähnelte einer patriarchisch (durch den »Doktorvater«) geführten Familie, in der eine Sekretärin oft die kaffeekochende Mutterstelle vertrat. Die damit verbundene Intimität erlaubte gemeinsame wissenschaftliche Leistungen, konnte aber auch zu Abhängigkeiten von der Autorität und zu destruktiven Konflikten führen.

Mit der zunehmenden Zahl an Wissenschaftlern, Verwaltungspersonal und Studierenden kommt die familiale Organisationsform an ihr Ende. Große Einheiten verlangen nach einer anderen Organisation: Leitungsfunktionen mit Verantwortung für Personal und Finanzen, Vereinbarungen über Leistungen, klare Verteilung von Aufgaben, Abgrenzung von privaten und dienstlichen Beziehungen, wechselseitige Kontrolle und Information, ständige Kommunikation, Verlässlichkeit, Vertrauen ...

Nach meinen Erfahrungen sind die Organisationsformen, unter denen Wissenschaft an der Universität betrieben wird, ein wenig reflektierter und erforschter Bereich. Es gibt kaum begleitende Organisationsberatung und nur in wenigen Fällen – meist bei größeren Konflikten – den Einsatz externer MediatorInnen und BeraterInnen.

Es scheint, als fühlten sich die für das Universitätsgeschehen Verantwortlichen – in der jetzigen Struktur die ProfessorInnen – gekränkt oder in ihrer Autonomie beschnitten, wenn sie professionelle Beratung für ihr Team einladen sollen. Dafür »hat man keine Zeit«! Es fehlen Erfahrung und Verständnis für moderne Organisationsformen wissenschaftlicher Bildungseinrichtungen und für deren Management.

Das ist nicht ganz unverständlich. Wissenschaftliche Karrieren erfolgen aufgrund hoher Selbstorganisation und mit großem individuellen Engagement sowie unter beträchtlichem Druck von Konkurrenz und Zeitabläufen. Das erlernte Verhalten ist individualistisch geprägt, das eigene Forschungsthema verteidigend und auf Erweiterung oder zumindest Bewahrung des eigenen Besitzstandes im Themenfeld bedacht. Offen zu kommunizieren (über die eigenen Forschungsabsichten reden, Projektvorhaben diskutieren) oder zu kooperieren (in die eigene Arbeitsweise Einblick geben, die eigenen Ressourcen zur Verfügung stellen), wird in einem konkurrenzierenden Umfeld nicht als sinnvoll angesehen. So betrachten auch Dekane, die Leiter von Fakultäten, jede andere Fakultät als Konkurrenz bei der Verteilung von Finanzen und Personal. Auf solchem Boden wächst kein Vertrauen für kommunikative Organisation.

Ferien

Ähnlich wie das Schweigen nach innen, über personelle und finanzielle Ressourcen, über Veränderungen an einem Institut oder Entwicklungen einer Fakultät, schweigt die Organisation Universität auch nach außen. Deshalb ist wenig bekannt wie ausgelastet wissenschaftliches Personal tatsächlich ist, welche Sorgen oder Herausforderung die wissenschaftliche Tätigkeit mit sich bringt. Über LehrerInnen in der Schule ist öffentlich mehr bekannt. Allerdings wirkt es sehr jämmerlich, wenn man sich das Gezerre, den Begriff Diskussion möchte ich dafür nicht verwenden, anhört, ob LehrerInnen eine Stunde länger in der Schule bleiben oder nicht, ob das Wort Gesamtschule verwendet werden darf oder nicht, ob die Zahl nach dem Kommazeichen im PISA-Test stimmt oder nicht.

Der medialen Flaute im vergangenen Sommer (2011) Tribut zollend wurde gerade wieder einmal über die Verkürzung der Sommerferien zugunsten von Herbstferien in Schulen diskutiert. Dem Tourismus würde es gefallen, die Lehrergewerkschaft verhält sich abwartend aber ernst: »Kürzungen kommen nicht in Frage!«. Mancher Lehrer wird sich überlegen, ob er sich dann zum Boot an der Adria, einen Kite für die Herbstferien zulegen soll.

Mit leichten neidischen Anklängen titelten die Medien: Neun Wochen Ferien sind zu viel! Listige Journalisten entdeckten rasch eine weitere privilegierte Gruppe: die Abgeordneten. Gesetzlich abgesichert finden im Sommer keine Sitzungen statt. Da dürfe man keinesfalls denken, meldete sich sofort ein pflichtbewusster Abgeordneter zu Wort, dass in dieser Zeit nicht gearbeitet werde: Herbstsaison vorbereiten, im Wahlkreis touren … ja, ja, wir können uns das vorstellen.

Doch erlauben wir uns diesbezüglich noch einen Abstecher in die Universität. Ferien? Nein, die gibt es hier nicht. Wir haben vorlesungsfreie Zeit. Wie lange? Von Ende Juni bis Anfang Oktober. Das sind 13 Wochen. Getoppt! Doch seien wir ehrlich und genau, das ist nicht alles. Dazu kommt noch mehr an vorlesungs- und prüfungsfreier Zeit: Weihnachten etwa 3 Wochen, Ostern etwa 3 Wochen, ja und – naja der Februar, der ganze: 4 Wochen. Rechnen wir die anderen Feiertage sowie Pfingsten oder den Rektorstag hinzu, so kommen wir auf ein klares Ergebnis: 25 Wochen vorlesungsfreie Zeit – mehr als 5 Monate, fast das halbe Jahr. Sicherlich, da soll geforscht und publiziert, gelesen und konferiert werden. Aber welcher Freiraum tut sich hier auf.

Freiwillig lehren?

Überlegen Sie mit mir. Ein zweistündiges Seminar oder eine entsprechende Vorlesung werden pro Semester 15 Mal á 90 Minuten angeboten – Nettozeit: 22,5 Stunden, also drei Arbeitstage. Wenn jeder und jede HochschullehrerIn ein Seminar in der vorlesungsfreien Zeit anbieten würde, das umfasst in Gesamtstunden etwa drei (3!) Arbeitstage, da könnten doch viele Studierende davon profitieren. Rechnen wir gemeinsam:
Etwa 2000 österreichische UniversitätsprofessorInnen (es gibt sogar etwas mehr) bieten je ein zweistündiges Seminar (also 3 Tage insgesamt, wenn geblockt) für durchschnittlich 25 Studierende an ... da hätten 50.000 Studierende etwas davon. Was meinen Sie, liebe Kollegin und lieber Kollege? Ja, Herr Professor X, Sie schreiben ein Buch? Sie haben leider keine Zeit! Ja, Frau Professor Y, Sie fahren ins Ausland, um zu forschen? Sie haben leider keine Zeit. Ja, Herr Professor Z, Sie arbeiten in einem EU-Projekt? Sie haben leider keine Zeit!
Aber danke, Herr Professor A, danke, Frau Professor B, danke, Herr Professor C! Ihnen gefällt die Idee. Sie wollen einen Sommerkurs halten – nur wegen der Räume, meinen Sie, könnte es schwierig sein? – das kriegen wir hin. Hörsäle stehen monatelang frei. Wo gelehrt und gelernt werden will, findet sich auch ein Raum.
Und Sie, liebe Damen und Herren AssistentInnen? Es stimmt, Sie müssen sich qualifizieren – aber drei Tage Lehre, passt das nicht wunderbar zu Ihrem Forschungsgebiet? Also nochmals rechnen. Angenommen 10.000 AssistentInnen (es gibt etwa doppelt so viele) wären dazu bereit. Nein, das wäre Angebot für 250.000 Studierende – so viel Bedarf haben wir vielleicht gar nicht.
Nun stellen Sie sich vor, alle kündigen dieses Lehrangebot ohne Entgelt an – als gute Tat oder aus Dank dafür, selbst eine gute Ausbildung bekommen zu haben oder aus Freude daran, eigene Erkenntnisse weitergeben zu können. Die Kosten einer Lehr-

stunde pro Semester kann man mit durchschnittlich 1.000,- Euro ansetzen. 12.000 Lehrende (ProfessorInnen und AssistentInnen nach unserer Rechnung zusammen) zu 2 Stunden á 2.000,- Euro – wir reden von einem Betrag von 24,000.000 (Millionen) Euro. Selbst wenn ein Anteil entgolten wird, bleibt ein immenses Einsparungspotential, da diese Lehre ansonsten als Lehrauftrag vergeben wird. Bemerkenswert finde ich das damit verbundene soziale Engagement, Studierenden auf überfüllten Bildungswegen intellektuelle und emotionale Nahrung anzubieten. Eine Lehrveranstaltung im Jahr zusätzlich – was spricht dagegen?
Mit Erich Kästner: »Es gibt nichts Gutes – außer man tut es!«

KRITIK UND DEFIZITE

Kritik am Bildungswesen
Gleich macht glücklich
Soziale Differenzen
Aufbrüche
Irritationen
Menschen – ein Defizitmodell
Kinder – wilde Wesen
Defizite wachsen mit
Noch nicht vollkommen

Kritik am Bildungswesen

Einer Kritik am Bildungswesen geht eine Kritik an der Gesellschaft voraus. In Europa ist es der Zusammenschluss zu einer großen Einheit, der eine Zentralisierung der politischen Ordnungsmacht nach Brüssel mit sich brachte und die Sorge um das Ende der Nationalstaaten, also die Auflösung bisheriger regionaler Machtverhältnisse befürchten ließ. Mit dem Fall der Berliner Mauer und dem Ende der UdSSR blickten eine Reihe osteuropäischer Staaten nach Europa, um an der westlichen Freiheit teilzuhaben. Zum Teil taten es die Menschen durch Reisen, zum Teil fassten sie im Westen Fuß, indem sie Wohnsitz und Arbeitsort verlegten. Gebiete im Osten verarmten, bisherige Sozialleistungen und sozialer Schutz fielen weg. Die ohnmächtige Wut, das Gefühl verlassen und aufgegeben worden zu sein, sammelte sich in rechtsradikalen Gruppen. Mord und Totschlag, in Brand setzen von Asylantenheimen, Prügel und Einschüchterungen waren die Folge.

Offensichtlich gibt es durchgängig in den europäischen Gesellschaften ein Ansteigen der psychischen Belastung. »Das Unbehagen in der Gesellschaft« (2011) nennt der Soziologe Alain Ehrenberg (geb. 1950), am Centre National de Recherche Scientifique in Paris, sein neues Buch – wohl in Anlehnung an das Werk von Sigmund Freud »Das Unbehagen in der Kultur« (erstmals erschienen 1930). Der Autor registriert vermehrt narzisstische Persönlichkeitsstörungen und depressive Erkrankungen in unseren Gesellschaften, in denen Freiheit und Wahlmöglichkeiten zugenommen haben. Bekannt sind die vermehrt auftretende Tendenz zum Burn-out, die Klagen über Sinnleere aber auch die Zunahme an Zivilisationskrankheiten wie Herzinfarkt und Adipositas. Nicht zuletzt ist das steigende Suchtverhalten hier hinzuzurechnen.

In der kapitalistisch organisierten Arbeitswelt hat die Intensität der Arbeitsleistung zugenommen. Sogenannte Strukturbereinigungen haben besonders in den 1990er Jahren mehr Arbeit auf weniger Menschen verteilt. Kosteneinsparungen beim Personal um wettbewerbsfähig zu sein, lautete die Devise. Manager wurden dafür bezahlt, Betriebe zu sanieren, indem sie Personal abbauten, bis sie selbst abgebaut oder die Betriebe ins Ausland verlagert wurden (vgl. Boltanski, Chiapello, 2006).

Zugleich erhielten das Bildungswesen und die Weiterbildung mehr Aufmerksamkeit. Denn die das Humankapital verwertenden Instanzen fragten optimal vorbereitetes Personal nach, das sie für ihre Zwecke einsetzen konnten. Das vorhandene Potential war nicht gut genug. So entstand die absurde Situation, dass sich in einer hohen Zahl von Arbeitslosen keine entsprechend qualifizierten Personen fanden, die die zahlreichen offenen Stellen besetzen hätten können. Die Schulungen haben deshalb zugenommen. In Österreich betraf das in den letzten Jahren 60 – 70.000 Personen, zusätzlich zu etwa 230.000 bis 250.000 Arbeitslosen.

Intensive Kritik am Bildungswesen geht in den letzten Jahren von der Wirtschaft und Industrie aus. In Österreich tritt die Industriellenvereinigung als eine wichtige Wortführerin auf. Sie wird nicht müde Bildungsreformen zu fordern. Sie unterstützte medial attraktiv ein Bildungsvolksbegehren, das ein ehemaliger sozialdemokratischer Finanzminister, der sich zu einem einflussreichen und mächtigen Wirtschaftsmagnaten entwickelt hat, lancierte. Ihn begleiten andere Wirtschaftsgrößen, aber auch ehemalige Schulpolitiker, die eindeutig einer Partei, die die Interessen der UnternehmerInnen vetritt, angehören. Wirtschaftliche Interessen umsetzen, dann erreichen wir pädagogisches Neuland? Wenn es der Wirtschaft gut geht, geht es uns allen gut? Das mag im Land des stillen Proporzes und der Sozialpartnerschaft regional und fallweise gelten, doch in Hinblick auf globale Gerechtigkeit funktioniert das nicht.

Gleich macht glücklich

Versteht sich Bildungspolitik als Teil der Sozialpolitik, will sie auch auf das Wohlbefinden der Menschen Einfluss nehmen. Doch wie kann man dazu beitragen, dass eine Gesellschaft glücklich wird? Die britischen WissenschaftlerInnen Richard Wilkinson (geb. 1943) und Kate Pickett (geb. 1970) untersuchten, wie die Lebensqualität steigen könnte. Sie sind dieser Frage in ihrem Buch, »Gleichheit ist Glück. Warum gerechte Gesellschaften für alle besser sind« (2010), nachgegangen, um herauszufinden, was Gesellschaften brauchen, um glückliche Menschen hervorzubringen.

Was die materiellen Grundlagen betrifft, meinen die AutorInnen, reicht ein Durchschnittseinkommen von etwa 25.000 Dollar. Mehr Einkommen steigert nicht die Lebensfreude – das Materielle wird dann wieder zur Belastung.

Die ForscherInnen stellen fest, dass Ungleichheit Nachteile bringt – nicht nur für die sozial schlechter gestellten sondern auch für die wohlhabenden Menschen. Sind es bei den Ärmeren Stress um die tägliche Versorgung, schlechte Wohn- und Lebensbedingungen oder Krankheiten, so wirken bei den Reicheren Kriminalität, Sorge vor sozialer Unruhe und ständige Abgrenzung negativ.

Dafür, wie gerechte Gesellschaften zu erreichen sind, gibt es allerdings seitens der AutorInnen kein Rezept. Sie plädieren vorerst für Bewusstseinsänderung und Bekenntnis zu einer gemeinsamen Vision. Sie meinen, unter der Voraussetzung es gäbe eine realistische und inspirierende Vision einer besseren Gesellschaft, sei es wichtig den politischen Willen zu stärken, um mehr Gleichheit in der Gesellschaft zu verwirklichen.

Die AutorInnen sind aufgrund der von ihnen ausgewerteten Daten und Untersuchungen überzeugt, wenn Ungleichheit verringert wird, stabilisiert sich das Wirtschaftssystem. Ein Umgang Gleicher mit Gleichen sollte auch in der öffentlichen Werthaltung zum Ausdruck kommen, die sich gegen Geiz, Gier oder Ungerechtigkeit, gegen überzogene Gehälter und maßlosen Konsum wenden sollte. Richard Wilkinson und Kate Pickett fassen ihr wissenschaftliches Urteil zusammen (2010, S. 302): »Moderne Gesellschaften werden zunehmend davon abhängen, dass in diesen kreative, anpassungsfähige, gut informierte und flexible Gemeinschaften entstehen, die in der Lage sind, großzügig miteinander umzugehen und auf Bedürfnisse zu reagieren, wo immer diese auftauchen. Dies wäre charakteristisch für Gesellschaften, die das, was sie sind, nicht den Reichen schulden, in denen die Menschen auch nicht von Statusunsicherheiten umgetrieben werden, sondern in denen die Menschen daran gewöhnt sind, zusammenzuarbeiten und einander als Gleiche zu respektieren.«

Soziale Differenzen

Wir müssen Österreich als Mitglied der OECD-Länder sehen. Wie schon vorhin angemerkt, gehören wir zu den 34 wirtschaftlich mächtigsten Ländern der Welt. Die Mitgliedsstaaten der OECD umfassen etwa eine Milliarde Menschen, die wesentlich günstigere Bedingungen hinsichtlich Lebensstandard, Gesundheit, soziale Sicherheit, mit einem Wort hinsichtlich ihres »Well-being« haben, als die restlichen sechs Milliarden EinwohnerInnen dieser Welt. Dies macht einen kleinen Exkurs notwendig. Für globalisierte politische Menschen ist es meines Erachtens notwendig das eigene Dasein in Beziehung zu dem Lebensbedingungen in anderen Erdteilen zu setzen. Fernsehbilder reichen nicht aus.
Einige meiner Absolventinnen und Studentinnen zeigen sich schockiert, wenn sie von ihrer Arbeit oder von Aufenthalten in ärmeren Ländern nach Österreich zurück kommen. Sie wundern sich, welches Aufheben wir wegen unserer kleinen Probleme machen und wie ergebnislos wir seit Jahren dieselben Auseinandersetzungen führen. Sie ärgern sich, wie wenig wir es zu schätzen wissen, das Wasser rinnen zu lassen, wenn wir es brauchen, Licht, Kühlung oder Heizung aufzudrehen, Bahn, Auto und Flugzeug zu nutzen sowie nicht zuletzt die alltäglichen Gebrauchsgüter in großer Auswahl zu shoppen. Manche Leserin und mancher Leser wird das aus eigener Erfahrung kennen. Es

packt sie oder ihn, wie eine dieser »Fremdarbeiterinnen« sich ausdrückte, ein heiliger Zorn, wenn sie uns in Österreich wie ein Häuflein Unzufriedenheit im satten Wohlstand sitzen sieht – ohne Gefühl und Verständnis, wie schwer es in anderen Ländern ist, täglich zu überleben.

Aufbrüche

Aber, so könnten manche einwenden, so gut geht es uns doch gar nicht. Etwa 500.000 Menschen leben in Österreich unterhalb der Armutsgrenze, das heißt sie müssen mit weniger als eintausend Euro pro Monat auskommen. Insgesamt gelten eine Million ÖsterreicherInnen als armutsgefährdet.
Außerdem, so lautet der nächste Einwand, der unseren materiellen Wohlstand relativiert, dauerte das sogenannte »Wirtschaftswunder« mit dem fast erreichten Ziel der Vollbeschäftigung nicht sehr lange. Der Wiederaufbau nach dem Zweiten Weltkrieg prägte die 1950er und 1960er Jahre. Erst die studentischen Unruhen des Jahres 1968, eine prognostizierte »Bildungskatastrophe«, die die Fähigkeit zum Wettbewerb in Frage stellte, und die Nachwirkungen des »Sputnik-Schocks« kamen der Bildungspolitik Anfang der 1970er Jahre zugute. Ein »Bürgerrecht auf Bildung« (Ralph Dahrendorf) wurde ausgerufen und bildungspolitische Akzente, z.B. Neugründungen von Universitäten oder die Erstellung von Weiterbildungsplänen, gesetzt. In Deutschland bereits in enger Verbindung mit der Wirtschaft, da das bildungsökonomische Element Teil von Politik geworden war.
In Österreich lässt sich für diesen Zeitraum Ähnliches angeben. Die Universitäten Klagenfurt (1964) und Linz (1966) wurden gegründet, das Arbeitsmarktförderungsgesetz (1968) erlassen, ein Förderungsgesetz für die Erwachsenenbildung (1973) beschlossen. Besonders berufliche Weiterbildung gewann an Bedeutung. Erwachsenenbildung als Wissenschaftsdisziplin wurde an deutschen und österreichischen Universitäten ausgebaut oder etabliert.

Ein Roll-back erfolgte in den 1980er Jahren mit der anglo-amerikanischen Politik des Neoliberalismus. Staatliche Finanzierung wurde zurückgenommen, Privatisierung von Betrieben sowie privater Finanzierung von Bildung der Vorrang gegeben. Steuersenkungen und –verluste, durch Abwanderung von Betrieben aufgrund der Globalisierung oder um den jeweiligen »Wirtschaftsstandort« zu sichern, verringerten die Chancen in Bildung zu investieren. Seit dem Beitritt zur Europäischen Union 1995 gilt auch in Österreich die politische Zielsetzung den privaten Anteil an Bildungsinvestitionen zu erhöhen.

Doch Geschichte verläuft nicht linear sondern in Widersprüchen. Bevölkerungsentwicklung, frühes Pensionsalter, Mangel an Facharbeitern und neuestens auch an Lehrlingen, zu großer Anteil an SchülerInnen mit schlechten Leistungen im Bereich des Lesens, Schreibens und Rechnens, wenig schmeichelhafte Ergebnisse in internationalen Vergleichsstudien sowie der ungebrochene Bedarf an flexiblen, weiterbildungsbereiten, qualifizierten und kompetenten MitarbeiterInnen führt uns zu den Forderungen der Wirtschaft nach Bildungsreformen und in die Gegenwart.

Irritationen

Das Thema Bildung wurde inzwischen als Gut mit öffentlicher Bedeutung positioniert. Gesellschaftlicher Erfolg und soziales Wohlergehen persönliches »Well-being« wurden damit verknüpft. Aus individueller Sicht scheint Bildung den Weg in die Zukunft zu erleichtern. Der stete Hinweis, wie niedere Bildungsabschlüsse mit hoher Arbeitslosenrate verknüpft sind, bleibt nicht ohne bedrohliche Wirkung.

Unzufriedenheit stellt sich dort ein, wo Studierende ihr Engagement sich zu bilden ernst nehmen, aber an den Rahmenbedingungen verzweifeln: zu wenige Seminare werden angeboten, lange Wartezeiten auf Prüfungsergebnisse, schlechte räumliche

Verhältnisse, kaum bezahlte Praktika, hohe Kosten für Bücher, Studium und Alltag, wenig Beratung und Unterstützung durch gestresstes Universitätspersonal.

Irritation verursacht auch ein eng strukturiertes Lernangebot und zahlreiche curricular vorgegebene Einzelprüfungen. Lernvorgaben werden als Korsett empfunden, die die individuelle Entfaltung von Interessen nicht erlauben sondern »verschult« wirken. Das sei anpassendes Lernen, keine echte Bildung, die selbstbestimmte Auseinandersetzung fördert. Besonders die Studien für den Bachelor werden kritisiert, weil der Großteil in Massenvorlesungen aus Gründen der Sparsamkeit erfolgt. Dabei erbringen Studierende, wie kollegiale und eigene Erfahrungen zeigen, besonders positive Leistungen, wenn sie ihren eigenen Interessen gemäß wissenschaftlich arbeiten können. Das heißt ein Rahmenthema vorzugeben, in dem sich die Studierenden eine eigene Aufgabenstellung samt methodischer Vorgangsweise erarbeiten und Ergebnisse herausfinden.

Da höhere Bildung als notwendige Voraussetzung für Erfolg in der Zukunft angepriesen wird, ist es wenig verständlich, wenn Hürden durch Eingangsprüfungen, Auswahlverfahren, Reduktion der Studienplätze oder Studiengebühren konstruiert werden. Im europäischen Vergleich muten unsere Maßnahmen noch immer bescheiden an. Gerade will England die Studiengebühren auf etwa 10.000 Euro pro Jahr erhöhen – allerdings leben wir in Österreich bereits mit einer Steuerleistung, die etwa das halbe Jahreseinkommen verschlingt.

Generell haben sich die Intentionen für Bildung von den 1960er und 1970er Jahren bis heute gewandelt. Waren es damals Emanzipation und Bürgerrecht, so sind es nun die Begriffe wie Zukunftsfähigkeit, Selbstoptimierung, wirtschaftlicher Erfolg, Wettbewerb und Konkurrenz sowie individuelles Durchsetzungsvermögen, die mit Bildung in Verbindung gebracht werden.

Menschen – ein Defizitmodell

Menschen sind verletzliche und verletzende Geschöpfe.
Wie sie fühlen und empfinden, mit welcher Dynamik sie ihren Trieben und Bedürfnissen folgen, ist, wie die Gehirnforschung belegt, teilweise schon vor der Geburt oder in den ersten nachgeburtlichen Monaten festgelegt (vgl. Roth 2010). Zugleich formen wir unser Verhalten in den sozialen Umständen unseres Aufwachsens – wir werden sozialisiert, für das Leben und Überleben in der jeweiligen Gesellschaft befähigt.

Als Menschenkinder sind wir auf Pflege, Nahrung und Kommunikation angewiesen. Ohne dass wir gefragt wurden, werden wir in eine Lebenssituation hineingeboren, in der uns eine Familie oder soziale Gruppe in Obhut nimmt und integriert. Wir entwickeln uns, um es in der Sprache des Soziologen Niklas Luhmann (1927 – 1998) auszudrücken, zu einem autopoietischen System – wir erzeugen uns selbst und stehen mit unserer Umwelt in Kommunikation.

Diese Umwelt sozialisiert und erzieht uns, sie wirkt auf uns ein. Sie kann es aber nur in einem gewissen Maß, wenn sie die Autopoiesis – die Selbststeuerungskraft nicht mit Gewalt zerstört. Das autonome Wesen Kind wird erzogen, in Familie, in Kindergarten und Schule diversen gezielten Einflüssen ausgesetzt und mit einer riesigen Industrie des Konsums, der Werbung, der Information durch Medien konfrontiert. Im Dschungel vielfältiger Einflüsse wächst es heran, lernt es seine Wünsche zu äußern, seine Bedürfnisse zu befrieden, seine Zustände zu kontrollieren. Das Kind lernt sich kennen und bildet sich – ohne dass ErzieherInnen und Verantwortliche in das Kind hineinschauen können. Sie können nur teilnehmend beobachten und vertrauen.

Eine Menge von Maßnahmen der Steuerung und Kontrolle – z.B. loben, strafen, belohnen, benoten, demütigen oder lieben – dürfen nicht darüber hinwegtäuschen, dass der heranwachsende Mensch nicht bis ins Letzte durchschaubar ist. Selbst der »gläserne Mensch« der Gegenwart, dessen Gespräche abgehört, dessen Mobilität nachvollzogen, dessen Bewegungen mit Wärmebildkameras, dessen intime Bereiche mit Scannern überprüft werden, bleibt, um nochmals mit Luhmann zu sprechen, als psychisches System eine »black-box«. Kinder und Erwachsene äußern sich, verhalten sich und handeln in Art und Weisen, die sie sich selbst verordnen.

Eine grundlegende Einsicht, egal wie sehr wir meinen, der Mensch sei durch Gene, durch frühkindliche Erfahrungen oder durch gesellschaftliche Einflüsse in seinem Verhalten und seinen Möglichkeiten der Entwicklung determiniert, ergibt sich: Wir sollen die autonomen Spielräume für Entscheidungen und Handlungen bei Kindern und Erwachsenen achten und respektieren, weil wir sonst menschliches Dasein und sein Potential missverstehen.

Die Chance zu überleben hängt mit dem Zufall der Geburt zusammen. Wir in Europa klagen über zu wenig Nachwuchs, sorgen uns um die richtige Ernährung und schicken Kinder in Diätcamps, wir fordern Ganztagsschulen für die Betreuung und die Vereinbarkeit von Beruf und die Versorgung von Kindern, wir erwarten optimale Bildungsangebote und bestens ausgebildetes Lehrpersonal. Wir können kaum nachvollziehen, wie es sich an anderen Orten leben lässt, wo es gar keine Schulen oder LehrerInnen gibt, wo Wasser und Elektrizität fehlen, Bürgerkrieg herrscht oder Hunger das heranwachsende Leben vernichtet.

Eindringlich und engagiert mahnt der Soziologe und Aktivist in Menschenrechten, Jean Ziegler, uns nicht einer »kannibalischen Weltordnung« zu unterwerfen. Etwa 30.000 Kinder unter 10 Jahren verhungern täglich! Hunger ist, sowie Armut oder Analphabetismus kein unausweichliches Schicksal. Ziegler ruft uns zu (2011, S. 5): »Ein Kind, das an Hunger stirbt, wird ermordet.«

Kinder – wilde Wesen

Erziehung und Bildung sind an Menschenbildung, an Vorstellungen wie der Mensch sein könnte oder sein sollte, orientiert.

Was erschreckt und negative Empfindungen mit sich bringt, ist die Erfahrung nicht zu genügen und deshalb erzogen und gebildet werden zu müssen. Geschieht dies im Kindergarten noch auf vertrauter familiärer Ebene, so wird der emotionale Druck im Klassenzimmer deutlicher. Leistung und Erfolg treten in den Vordergrund. Damit auch die Gefühle des Triumphierens über andere, Sieger, Erster, Bester zu sein. Oder im gegenteiligen Fall, die Abwehr, das Überspielen oder Kompensieren einer schlechten Leistung. Der Aufbau eines Panzers, der schützt oder gleichgültig gegen negativ besetzte Ergebnisse und Erlebnisse macht, beginnt in Kindergarten und Grundschule.

Beruf und Berufsschule lassen dann schlagartig den »Ernst des Lebens« spüren. Bedrohlich klingt mir noch heute ein in meiner Schulzeit oft gehörter Satz nach: »Wenn du nicht lernst, musst du arbeiten gehen«. Spreu und Weizen schienen sich zu trennen, wenn die »Schlechten«, zuvor schon in der Hauptschule, nun einen Beruf erlernten, während die »Guten« täglich den gemächlichen Weg in die Höhere Schule gingen. Die Anpassung an die Welt der Erwachsenen, in einer in Hand- und Kopfarbeiter geteilten Welt, vollzog sich. Es gab noch einen zweiten oft gehörten Ausspruch: »Lerne, damit du es einmal besser und leichter hast als wir.«

Die emotionale Sicherheit Gymnasiast zu sein wurde beim Eintritt in die Universität erschüttert. Studieren hieß in die Anonymität einzutauchen und seinen Platz in einer unübersichtlichen Hierarchie ganz unten finden zu müssen. An einem Ort, dessen Regelungen sich nur ganz langsam erschlossen. Als Zuhörer blieb man Treibholz im Wissensstrom, konnte lesen und nachlernen, um nicht hinausgespült zu werden. Ausgezeichnet wurde, wer als Studienassistent oder wissenschaftlicher Mitarbeiter Aufnahme fand. Nicht nur die Leistung auch die emotionale Zugehörigkeit war dafür ausschlaggebend. Belohnt wurde nicht bloß das intellektuelle Potential sondern auch die passende oder angepasste Haltung. Die Defizite im Wissen durften warten, um später vielleicht bewältigt zu werden, die emotionale Anpassung war unabdingbare Voraussetzung.

Menschenbilder in der Pädagogik beruhen auf einem Defizitmodell. Kinder, Jugendliche und Erwachsene werden als Lernpflichtige betrachtet, die sich in die Gesellschaft einfügen oder an ihre sich ändernden Anforderungen anpassen sollen. Kinder werden als unfertige, wilde Wesen beurteilt, die den Wünschen der Erwachsenen zu gehorchen haben. Allzuoft sind sie die Träger unerfüllter Wünsche. Sie sollen das erreichen, was den Eltern nicht gelungen ist, dort ankommen, wonach sich die Eltern vergeblich gesehnt haben. Lösten sich früher junge Menschen aus solchen Umklammerungen, so gelang dies, indem sie das Elternhaus verließen, woanders arbeiteten oder studierten. Heute fliehen sich Kinder schon frühzeitig in die Netze von Computern oder in flüchtigen Rausch. Oft dienen sie dem Elternteil, mit dem sie leben, als Partner. Als Substitute gescheiterter oder unerfüllter Beziehungen werden sie verfrüht Lehrlinge in der Gefühlswelt Erwachsener. Defizitär erleben sie sich selbst, weil sie den fehlenden Partner doch nicht ersetzen und die auf sie projizierte Liebe oder den unterdrückten Hass nur schwer oder gar nicht bewältigen können.

Defizite wachsen mit

An Defiziten, die Erwachsene zu spüren bekommen, herrscht kein Mangel. Allein die täglichen Krisennachrichten verdeutlichen, wie wenig man von Vorgängen in der Welt und den Zusammenhängen zwischen einzelnen Geschehnissen weiß. Wenn man von Erdbeben, Terroranschlägen und Überschwemmungen hört, fällt es schon schwer geographische Zuordnungen zu treffen, geschweige denn politische Hintergründe, historische Komponenten oder ökonomische und ökologische Dimensionen zu erfassen. Defizite zeigen sich durch die Abhängigkeit von medialer Information. Am Beispiel Fukushima: die Nachrichten über die Situation im Atomkraftwerk sind einige Wochen nach intensiver Berichterstattung plötzlich verstummt. Der Schalter der Information wurde abgedreht, die radioaktive Strahlung und Verseuchung unserer Wahrnehmung entzogen. In diesem Fall ergeben sich Defizite aufgrund politisch-ökonomisch motivierter Interessen, die selbst jeder Beobachtung und Analyse entzogen sind. Defizitär erfahren sich Erwachsene, weil in einer Welt global vermittelter Ereignisse, die Ökonomie der Aufmerksamkeit fremdbestimmt bleibt.

Unmittelbare Defizite Erwachsener zeigen sich am Arbeitsplatz. Die Sicherheit, das ganze Arbeitsleben in einem Betrieb zu verbringen, ist längst vergangen. Das wird nicht nur als Nachteil sondern auch als Chance für flexible Lebensgestaltung und attraktive Veränderung aufgefasst. Auf der negativen Seite stehen die Schwierigkeiten, die ein unsicherer Arbeitsmarkt mit sich bringt: kurze Verträge, prekäre Arbeitsverhältnisse, schwieriger Wiedereinstieg für Ältere, Bedarf an neuen Qualifikationen, Zwang zur Mobilität. Auch die Erweiterung der Berufsaufgaben um kommunikative, organisatorische oder planerische Aspekte, die in der Fachausbildung nicht vermittelt wurden, erhöhen den Eindruck von Defiziten. Zusatzausbildungen sich schon während des Studiums anzueignen ist bei Studierenden längst üblich.

Trotzdem bleibt vielen ArbeitnehmerInnen der Eindruck, nicht genug gegen mögliche Veränderungen gewappnet zu sein. Weiterbildung soll einen Schutzschild gegen den Verlust des Arbeitsplatzes aufbauen. Lernen wird zur Abwehr unangenehmer Lebensereignisse. Trotzdem läuft man den Erfordernissen mit ständigem Defizit hinterher, weil meist unklar bleibt, was tatsächlich am Arbeitsmarkt verlangt wird und was »Hilfreiches« gelernt werden soll. Das negative Image des lebenslangen als »lebenslängliches« Lernen resultiert aus dem Eindruck nicht abschließen zu können, nie fertig zu werden, immer kurzfristiger Neues erlernen und umlernen zu müssen.

Eine hoffnungslose Anstrengung Defizite durch Lernen zu beseitigen, wird in diesem Modell mitgeliefert. Es können zwar Teilziele erreicht werden, aber ein Ziel, um sich dann zur Ruhe zu setzen, ist unerreichbar. So müssen wir immer unterwegs bleiben und allenfalls den Weg zum Ziel erklären: »Der Weg ist das Ziel.« Das ist aber der Abschied von der Absicht der Aufklärung und ihren christlichen Vorfahren, Vollkommenheit – Rousseau sprach von der Perfektibilität – zu erreichen. Doch die Einsicht ist nicht verbreitet, der Druck perfekt und vollkommen zu werden ist geblieben.

Noch nicht vollkommen

Früher schien mir die Suche nach Vollkommenheit nur Künstlern vorbehalten. Musiker, Komponisten, Maler, Bildhauer, Dichter oder Schriftsteller suchten nach dem vollkommenen Ausdruck. Im Ringen um das Unerreichbare und in der Weitergabe dessen, was sie erreichten, lag ihre Kunst. Im Streben nach Vollkommenheit lag ihre wiederholte, verzweifelte Anstrengung, ein perfektes Werk zu schaffen. Die Anstrengung hat sich demokratisiert, die Verzweiflung popularisiert. Bildung repräsentiert heute das Unerreichbare. Bildung beinhaltet die Vorgabe ein unerreichbares Kunstwerk aus sich selbst zu schaffen.
Arbeitet der Künstler autonom, nach eigenen Vorstellungen, so ist Bildung sozial beeinflusst. Das Übergewicht ökonomischer Interessen bringt ein Bildungssystem mit sich, in dem die Adaption gesellschaftlicher Vorgaben akzeptiert wird.
Die versuchte Reduktion von Defiziten, denn es bleibt letztlich bloß eine Bemühung Defizite auf Zeit zu minimieren, wird mit Anstellung, zumindest kurzfristig und prekär, entlohnt. Parallel zur beruflichen Qualifikation »arbeiten« die Menschen an ihrer Selbstverwirklichung, an ihrem Glück und Lebenssinn. Sie erfinden sich neu als Freizeitmenschen, die genießen und Spaß haben wollen. Sie kultivieren sich, indem sie am vielfältigen Angebot von Theater, Kino und Events teilnehmen. Sie erfinden und finden sich in einer gepflegten Landschaft genannt »Edutainment« (education und entertainment), in der Bildung und Unterhaltung ineinander übergehen und sich als geselliges Miteinander entpuppen.

Innerhalb des Wettbewerbs sich lernend zu adaptieren ist ein eklatanter Unterschied erkennbar. Personen mit Studienabschluss haben etwa 10 Jahre länger Zeit sich in ihrer Bildungslaufbahn zu entfalten als Lehrlinge. Etwa 40 % eines Jahrgangs beginnt mit 15 Jahren eine Lehre, etwa 25 % eines Jahrgangs studieren und schließen mit Anfang oder Mitte zwanzig ihr Studium ab. Ist es nicht ein angenehmer Luxus, wenn ein siebzehn- oder achtzehnjähriger Schüler sagen kann, »Ich weiß nicht, was ich werden will – ich studiere zunächst und dann werde ich sehen!« Zumindest muss es einem Gleichaltrigen, der schon »ausgelernt« ist, so vorkommen, denn seine Weichen in das Leben sind bereits gestellt.

In Diskussionen wird zurzeit erstaunt reagiert, wenn auf plötzlich fehlende Lehrlinge, auf nicht zu besetzende Lehrstellen hingewiesen wird. Ein Beispiel ist das Service im Gastgewerbe, dessen offene Stellen nicht von inländischen sondern von ausländischen (vor allem aus Deutschland) Arbeitskräften besetzt werden. Erstaunen? Es ist eine Antwort auf schlechte Arbeitsbedingungen mit langen täglichen Arbeitszeiten, saisonale Beschäftigung mit anschließender Kündigung sowie geringe Bezahlung.

Bildung, Lernen, Weiterbildung sind eben auch Mittel, um fremdbestimmten Situationen in Arbeit und Beruf zu entgehen. Ein Leben in Würde – oder etwas nüchterner ausgedrückt: ein Leben mit Perspektive schließt auch aus, sich in Arbeitsbedingungen zu begeben, die die Arbeitskraft ausbeuten und zu wenig Raum für die persönliche Entwicklung lassen.

LERNEN IN DER LEBENSSPANNE

Hauslehrer
Schmuggelwissen
Zeitreise
Wissenschaftliche Pädagogik
Bildungspolitik ist Sozialpolitik
Ein neues Bildungskonzept
Triebkräfte lebenslangen Lernens
Orientierungen
Kompetenzen
Lernen als Integration
Humankapital im Wettbewerb
LLL – Strategie 2020

Hauslehrer

Bildungsfragen gewinnen ab dem 18. Jahrhundert an gesamtgesellschaftlicher Bedeutung. Natürlich war der Boden schon kulturell vorbereitet. Bildung war in der Antike Geschäft der Philosophen und ihrer Akademien, die Belehrung von Kindern lag bei Sklaven, den Pädagogen, was im Griechischen Knabenführer bedeutet. Die Erziehung der adeligen Jugend und der künftigen Herrscher leisteten ausgewählte Einzelpersonen. Aristoteles z.b. bei Alexander dem Großen, Seneca beim römischen Kaiser Nero. Diese Funktion eines oder mehrerer Hauslehrer in adeligen oder vermögenden Familien hielt sich bis ins 19. Jahrhundert und wurde erst durch den allgemeinen Schulbesuch abgelöst. Üblich war, wo das Erziehungswerk nicht durch Militär oder durch das Kloster »verrichtet« wurde, die Begleitung eines Jünglings durch einen erfahrenen Mann auf der »Grand Tour«. Dies gab Gelegenheit die Kultur, Lebensformen und Besonderheiten eines fremden Landes, somit auch dessen Sitten, Unsitten, Lustbarkeiten und Krankheiten kennenzulernen, sich daran zu erfreuen oder sie zu erleiden.

Wie erfolgreich, sinnvoll, wie schwierig und anmaßend diese Erziehungsabsichten gestaltet waren, ist allenfalls in Anekdoten oder in ihrem Scheitern überliefert. Nero schickte seinen Hauslehrer Seneca später in den Freitod. Von Friedrich II wird berichtet, dass die Strafe für seine beabsichtigte Flucht – sie galt als Desertation – vom Hofe seines Vaters, Friedrich Wilhelm, in einer äußerst brutalen Maßnahme bestand. Er musste die Hinrichtung seines am Fluchtversuch beteiligten Freundes vor seinem Gefängnis, der Festung Küstrin, miterleben (vgl. Leithold, 2011).

Ein Zeitbild hat Jakob Michael Lenz (1751 – 1792), in der Epoche des Sturm und Drang hinterlassen. In seinem Theaterstück »Hofmeister« (1774) richtet er den Scheinwerfer auf die emotionalen Beziehungen, die zwischen Hauslehrer und Familie entstanden.

Genauer analysiert hat die französische Philosophin Elisabeth Badinter (geb. 1944) eine Erziehungsgeschichte in ihrem Buch »Der Infant von Parma: oder Die Ohnmacht der Erziehung« (2010). Seine Hauslehrer wollten im 18. Jahrhundert aus dem Prinz Ferdinand von Parma, im aufklärerischen Glauben einen jungen Menschen »herstellen« zu können, einen idealen Herrscher schaffen. Die Methoden waren strenges Reglement und ebensolche Strafen bei Misserfolg und Ungehorsam. Der junge Herzog flüchtete sich zur Dienerschaft. Er lehnte seine Lehrer zunehmend ab, frömmelte, war abergläubisch und führte später die Inquisition wieder ein. Seine Erzieher zweifelten nicht an sich und ihren Überzeugungen sondern an dem Zögling.

Schmuggelwissen

Private Erziehung und Bildung, die letztlich dem öffentlichen Zweck dienten, gute Staatenlenker oder entsprechendes Führungspersonal hervorzubringen, fanden ihre Ergänzung durch die Anliegen des Bürgertums. Mit dem Wachsen der Städte ab dem Mittelalter und der zunehmenden Bedeutung von Handwerk und Handel wurde für die Jugend dieser Klientel systematische Belehrung, als Vorbereitung auf künftige Aufgaben in der Gesellschaft, immer wichtiger. Zugleich wurden dem Einfluss der Kirche, die ihre pädagogische Erfahrung und Professionalität in den Klöstern gewonnen hatte, die Schultüren geöffnet. Die Klöster erfüllten zudem seit Jahrhunderten eine kulturelle Funktion. Ihre Mönche rodeten Wälder, versorgten Kranke, waren wirtschaftlich innovativ und tradierten Lesen und Schreiben. Sie sammelten und bewahrten Wissen, sie arbeiteten und beteten. »Ora et labora« (bete und arbeite) lautete der Wahlspruch von Benedikt von Nursia (480 – 547), auf den die Gründung des Benediktinerklosters Montecassino (529) zurückgeht.
Aus der Kirche kam auch der Anstoß »das Volk« zu alphabetisieren. Der Reformator Martin Luther (1483 – 1546) und sein Mit-

streiter Philip Melanchton (1497 – 1560) setzten sich dafür ein. Die Menschen sollten das Wort Gottes in der Bibel selbst lesen und vernehmen können. Dieser Protest gegen die Vorherrschaft der katholischen Kirche und ihren obersten Repräsentanten, den Papst, hatte blutige und unversöhnliche Folgen: der Dreißigjährige Krieg (1618 – 1648), der die mitteleuropäische Bevölkerung dezimierte, oder die erzwungene Auswanderung, z.B. noch unter Maria Theresia (1717 – 1780), für Familien, die nicht in die katholische Kirche zurückkehren wollten, weil sie an ihrem protestantischem Glauben festhielten.

Im Rückblick auf diese Zeit des Umbruchs wird ein Licht auf die Art, wie neues Wissen im wahrsten Sinne des Wortes transportiert wurde, geworfen. In der Ramsau, einem steirischen Ort am Fuße des Dachsteins, wurde 2008 ein »Weg des Buches« reaktiviert, der in der Reformationszeit als Schmuggelweg half, neben Waren auch die von Martin Luther übersetzte Bibelfassung sowie evangelische Gesangsbücher oder ähnliche Schriften zu den im Untergrund lebenden ProtestantInnen zu bringen. Ein menschliches Netzwerk, das heute vom elektronischen abgelöst wurde. Abgelöst wurde allerdings auch der Glaube an die geoffenbarte Wahrheit von einer Vielfalt von Wissenswerten, das sich die Einzelnen nicht nur erschließen sondern erst als wertvoll für Entscheidungen anerkennen müssen.

Der Wunsch, die soziale Not zu lindern und die Lebensbedingungen zu verbessern sowie das aufklärerische Vertrauen den möglichen Fortschritt der Menschheit durch Bildung, Lernen und Wissen zu erreichen, führte über die Bewegung der »Volksaufklärung« zu einer verpflichtenden Volksbildung im Laufe des 18. Jahrhunderts. Die Schulpflicht ging konform mit dem Interesse der absolutistisch Herrschenden an einer qualifizierten Bevölkerung. Dies betraf die höheren Beamten, die an der Universität ausgebildet wurden, das militärische Personal, für deren Offiziere in Österreich 1751 die Militärakademie eingerichtet wurde, aber auch das Bürgertum und sein Schulwesen, wie nicht zuletzt Kinder der ärmeren sozialen Schichten, für die es Sonntags- oder Industrieschulen (industria lat.: Fleiß) gab.

Zeitreise

Gestatten wir uns eine Zeitreise, in der ich die wachsende gesellschaftliche Bedeutung von Bildung in den letzten Jahrhunderten pointiert zusammengefasst präsentiere:

18. Jahrhundert
Es gilt als »pädagogisches Jahrhundert«. 1717 wurde in Preußen zum ersten Mal die Schulpflicht erlassen, 1763 mit dem Allgemeinen General-Landschulreglement die Basis für das Volksschulwesen erneuert. Österreich folgte mit einer Unterrichtspflicht 1774. Mittels allgemeiner Schulbildung sollten die Untertanen auf die Zielsetzungen und Zwecke des absolutistischen Staates vorbereitet werden. In Opposition zu den herrschenden Kräften, die die Nützlichkeit und Brauchbarkeit von Bildung an oberste Stelle setzten, wurde u.a. von Wilhelm von Humboldt ein Bildungsverständnis propagiert, das Allgemeinbildung, Entfaltung individueller Kräfte und Selbstbestimmung in den Vordergrund stellte. Ende des 18. Jahrhunderts wurden nach Revolutionen gegen die bis dahin bestehenden Herrschaftsordnungen in Frankreich und in den Vereinigten Staaten die Menschenrechte erklärt. Sie sollten den Schutz des Individuums realisieren sowie das Recht auf Glück durch Lernen und Wissen sichern.
Schematisch betrachtet eröffnet sich hier ein Gegensatz: Zweckorientierte Bildung, um die herrschenden Verhältnisse zu stabilisieren, formierte sich gegen eine politisch-emanzipatorische Bildung, die die bestehenden Verhältnisse verändern und in eine Gesellschaft freier Individuen umwandeln wollte. Im Wertespektrum stand die Würde des Menschen dem Gehorsam der Untertanen als Gegenpol gegenüber.

19. Jahrhundert
Nach einer Phase politischer Restauration und der Rücknahme bereits erreichter Fortschritte bezüglich Demokratisierung und Verbesserungen im Bildungswesen wurde in der zweiten Hälfte des Jahrhunderts in allen Industriestaaten die Unterrichts- und Schulpflicht tatsächlich eingeführt und durchgesetzt. Der Schulbesuch nahm mit der sukzessiven Eindämmung und dem Verbot von Kinderarbeit, was in ländlichen Bereichen länger dauerte als in den Städten, zu. In ländlichen Gebieten dauerte dies bis ins 20. Jahrhundert, da die Kinderarbeit nicht rigoros aufgehoben werden konnte. Die diversen, größtenteils in ihrer Struktur heute noch bestehenden Bildungsinstitutionen etablierten sich. Zugleich setzte sich ein Berechtigungswesen, z.B. Zugang zur Hochschule mit Matura, durch, das gesellschaftliche Ungleichheiten fortschrieb. Das Bildungssystem erhielt zentrale Bedeutung, um gesellschaftspolitische Entwicklungsprozesse zu steuern. Außerdem produzierte es politische Loyalität. Im Gegenzug deklarierte die Arbeiterklasse Bildung als Kampfmittel gegen Unterdrückung und rief damit bei den Herrschenden Angst vor Untertanen hervor, die zu viel wussten und deshalb gegen ihre Situation rebellierten. Die Bedeutung von Erwachsenenbildung wuchs. Sie sollte, je nach politischer Ausrichtung, kompensatorisch wirken, indem sie Grundbildung sowie Wissen und Erkenntnisse nachlieferte. Zugleich galt es die soziale Situation »des Volkes« zu verbessern, aber auch, durch gelegentlichen sozialen Aufstieg, revolutionäres Potential sozial zu entschärfen.

20. Jahrhundert
Das »Jahrhundert des Kindes« wurde eingefordert. Das gleichnamige Buch von Ellen Key (1849 – 1926) erschien 1900. Es war zugleich ein Aufruf zur Emanzipation der Frau. Das neue Jahrhundert begann als Zeitalter des Aufbruchs. Die Reformpädagogik versuchte die jungen Menschen von Unterdrückung und Entfremdung in der Schule zu befreien, indem sie neue

Wege des Lehrens und Lernens eröffnete. Der »Neue Mensch« wurde Programm. Selbstzerstörerische Diktaturen und Kriege unterbrachen oder beendeten die meisten dieser Entwicklungen. In der Folge des Wiederaufbaus, um die Mitte des Jahrhunderts, gelang es der Wirtschaftspolitik, die Pädagogik als Bildungsökonomie zu einem wesentlichen Faktor des ökonomischen Systems zu funktionalisieren. Bildung büßte ihren Anspruch auf Humanisierung und Emanzipation ein und wurde zu einem Kalkül internationaler Konkurrenz und Wettbewerbsfähigkeit auf dem Arbeitsmarkt. Aus Sicht demokratischer Bestrebungen wurde Bildung als Möglichkeit betrachtet, gesellschaftlichen Problemen zumindest eine humane Teillösung abzuringen. Bildung wurde von unterschiedlichen Interessengruppen in Dienst genommen und gemäß diesen Interessen definiert und eingesetzt.

Doch die Kraft des Widerspruchs und der Emanzipation durch Bildung war nicht völlig verlöscht. Ihr eignete eine »andere Seite«: Sie erlaubte und beabsichtigte, in Distanz zum unmittelbaren gesellschaftlichen Geschehen, Reflexionen anzustellen, Analysen durchzuführen und Aussagen bezüglich Wertorientierung und Handlungsabsichten zu präsentieren. Damit entstand die Chance für eine Bildungstätigkeit in humaner Absicht. Ende der 1960er Jahre wurde der Widerstand gegen autoritäre Systeme von den Hörsälen auf die Straße getragen und der »Marsch durch die Institutionen« angetreten. Die Hoffnung auf emanzipatorische Bildung blühte, ein Recht auf Bildung wurde politisches Programm.

Ebenfalls in der zweiten Hälfte des 20. Jahrhunderts wurde durch die »Postmoderne« die Absage an die »großen Erzählungen« eingeleitet. Der Preis für Ideologien und Utopien sollte nicht durch Leid und Tod der in der Gegenwart Lebenden bezahlt werden. Besinnung auf die bisherigen Ergebnisse war angesagt, doch neoliberale Politik diktierte das gesellschaftspolitische Geschehen. Die Sorge um Arbeitsplätze, die Gefahr der Armut, die Intensivierung der Berufsarbeit sowie steigende Konkurrenz und wachsender Wettbewerb, ließen allenfalls Raum für Unterhaltung und Wellness in individualistischer Manier. Solidarischer Widerstand oder alternative Lebensentwürfe blieben ohne reflexive Kraft. Unter einem ökonomisch orientierten Wertesystem, das sich gegen Ende dieses Jahrhunderts immer deutlicher durchsetzte, wandelte sich Bildung von einem Träger der Humanisierung und Aufklärung zu einer zweckrationalen, systemerhaltenden Einrichtung.

21. Jahrhundert
Zu Beginn des Jahrhunderts setzt sich ein neues Selbstverständnis durch. Globalisierung und Internationalisierung lassen uns als Teil weltweiter Vernetzung von Ökonomie, Kommunikation, Finanzen und Arbeit aber auch von Krankheiten, Terror, Religion und Kultur erkennen. Wir stehen mit verschiedenen Vorgängen in der Welt unmittelbar in Beziehung, in Verbindung und Abhängigkeit, ob wir wollen oder nicht. Wir entdecken uns nach einer Phase der regionalen und nationalstaatlichen Politik im politischen Geflecht einer postkolonialen Weltgesellschaft. Bisherige Sicherheiten werden brüchig, beständig wird der Wandel. Wir müssen umlernen, um in den neuen Gegebenheiten flexibel, mobil und innovativ zu bestehen. Wollen wir selbst an der neuen Gesellschaft teilhaben, sie beeinflussen und sie gestalten, sind wir gezwungen uns auf individuelles und kollektives Lernen einzulassen. Wenn wir unsere demokratischen Verhältnisse und unsere sozialen Errungenschaften erhalten und verbessern wollen, sollten wir lernen unsere Demokratie und damit auch unser wirtschaftliches, unser öffentliches und unser privates Leben in Hinblick auf die neue Weltgesellschaft zu verstehen und zu gestalten. Mit den Worten des Sozialwissenschaftlers Oskar Negt heißt das (2010, S. 13): »Demokratie ist die einzige politisch verfasste Gesellschaftsordnung, die gelernt werden muss – immer wieder, tagtäglich und bis ins hohe Alter hinein.«

Wissenschaftliche Pädagogik

Seit dem Ende des 18. Jahrhunderts beginnt sich Pädagogik als selbständiges wissenschaftliches Fach im Kanon geisteswissenschaftlicher Disziplinen zu etablieren. Die Nähe zu Philosophie und zu Theologie sowie deren Einfluss sind personell und ideell bis heute vorhanden. Doch ab der Mitte des 20. Jahrhunderts begann sich eine empirisch fundierte Pädagogik mit einer sogenannten »realistischen Wende« durchzusetzen. Erziehungswissenschaft – in Abgrenzung zur Pädagogik – nannte sich nun der Fachbereich, dem eine ideologiekritische und auf quantitativen Methoden sowie auf Daten und Fakten beruhende Aussagekraft zugesprochen wurde. Psychologie und Soziologie gewannen als Bezugswissenschaften an Bedeutung. In der Diskussion um die Positionierung von Sozialwissenschaft, repräsentiert durch die Kontroverse »Kritische Theorie« gegen »Empirische Sozialforschung«, rang auch die Pädagogik um ihr Selbstverständnis als eine philosophisch fundierte oder empirische Wissenschaft. Beide Zweige beanspruchten für sich eine kritische Analyse des Bildungsgeschehens leisten zu wollen und zu können.

Heute scheint mir eine Neupositionierung insofern anzustehen, da sich durch Ausbau und innere Differenzierung aber auch wegen der gesellschaftlichen Bedeutung von Bildung, Lernen und Weiterbildung, Pädagogik als großes Fach mit sehr hohen Zahlen an Studierenden an Universitäten und Pädagogischen Hochschulen etabliert hat. Im vor sich gehenden Wandel, in dem gesellschaftliche Problemlagen inter- und transdisziplinäre wissenschaftliche Bearbeitung brauchen und zugleich das Ausmaß der staatlichen Finanzierung des Tertiären Sektors in Diskussion steht, ist eine neue organisatorische und inhaltliche Positionierung angebracht. Dies betrifft nicht nur die diversen Standorte und fachlichen Angebote von Universitäten sondern auch die Leistungen von (Einzel-)Wissenschaften für die Gesellschaft. Die wissenschaftliche Disziplin Pädagogik hat schon lange nicht mehr allein die Bildung und Erziehung von Kindern als vorrangiges Thema – das wird sogar intensiver in der Entwicklungs- und seit neuestem auch in einer Bildungspsychologie (Universität Wien) bearbeitet. Pädagogik ist ein Fach geworden, das sich mit Bildungs- und Lernprozessen an verschiedenen Orten (Kindergarten, Schule, Spielplatz, Universität, Arbeitsplatz, Altenheim usw.) aber auch während der ganzen Lebenszeit beschäftigt. Sie ist eine Wissenschaft vom »Lernen in der Lebensspanne« geworden. Wir sprechen hinsichtlich pädagogischer Fragen auch von einer »Querschnittsthematik«, weil sie viele Bereiche des privaten und öffentlichen Lebens sowie der Freizeit und Arbeitszeit betrifft.

Um komplexe Analysen und sinnvolle Beiträge zu Problemlösungen zu leisten, sind auch ForscherInnen der Pädagogik auf die Zusammenarbeit in interdisziplinären Teams angewiesen. Interdisziplinäre Orientierung wird sicherlich ein Anstoß sein die wissenschaftliche Organisation und das Selbstverständnis der Pädagogik als Wissenschaft – genauso wie das anderer Einzelwissenschaften – neu zu fassen. Als Bezeichnung des Faches bevorzuge ich den Begriff Bildungswissenschaft. Dieser scheint mir in umfassender Weise die verschiedenen Problemfelder der Querschnittsthematik zu integrieren.

Bildungspolitik ist Sozialpolitik

Menschliches Dasein ist auf Lernen angewiesen. Durch Lernen eignet sich der Mensch Wissen über sich, seine Mitmenschen und die Welt an. Lernen ermöglicht dem Menschen sich zu verändern, sich anzupassen und sich zu entfalten. Gemäß seinem individuellen Lernpotential gestaltet der Mensch sich und seine Umwelt – nimmt Informationen und Anregungen auf und verarbeitet sie. Lernen belebt die Wechselbeziehung zwischen den Menschen aber auch zwischen Mensch und Umwelt.

Mit dem Bildungsbegriff, der Lernen beinhaltet, werden zuallererst selbstgesteuerte und offen ausgerichtete persönliche Entwicklungsprozesse angesprochen, die zu den unverrückbaren Grundrechten der modernen Demokratie zählen. Gleichzeitig deutet Bildung auf institutionalisierte Systeme, die in Gegenwartsgesellschaften das Lehren und Lernen hochgradig strukturieren und auf sehr konkreter Weise Lebenschancen und -verläufe vor- und mitgestalten – heute nachdrücklicher als jemals zuvor.

Als soziale Wesen haben sich Menschen für ihre jeweiligen Zwecke und Vorhaben ihr Lernen organisiert. Die institutionalisierten Formen für Bildung und Lernen, in denen Wissen vermittelt, Fähigkeiten und Werte erworben wurden, waren durch die jeweiligen gesellschaftlichen Bedingungen vorstrukturiert und dennoch trugen Bildungs- und Lernprozesse auch dazu bei, die Gesellschaft mitzugestalten und zu verändern. Die heutige Wissensgesellschaft entwickelte sich aus der Tradition der europäischen Geschichte mit besonderen Einflüssen von Kultur, Ökonomie, Politik, Technik und Wissenschaft. Nicht zuletzt haben die sozialen und politischen Kämpfe um die Gleichberechtigung verschiedener sozialer Gruppen und um die Würde jedes einzelnen Menschen zur Gestaltung des Bildungswesens beigetragen. Das Bildungswesen der letzten zweihundert Jahre zielt besonders auf die Integration von Kindern und Jugendlichen in die Gesellschaft. Unterschiedlichen gesellschaftlichen Interessen entsprechend wurden in dieser Zeit auch Bildungsangebote für Erwachsene entwickelt. Für diese Aufgabe blieb aber die staatliche Finanzierung und die staatliche Steuerung begrenzt.

Mit zunehmender Bedeutung von Bildung als öffentlichem Wert entsteht neben der Vergesellschaftung von Bildung auch ein Recht sowie eine individuelle Verantwortung sich zu bilden. In dieser Situation sehen wir uns heute mit einem Bildungswesen konfrontiert, das soziale Ungleichheiten unserer Gesellschaft nicht aufhebt sondern sogar festschreibt. Der Bildungsstatus, lautet eine gängige Feststellung, wird »vererbt«. Es liegt in bildungspolitischer Verantwortung Strukturen zu schaffen, damit Bildung dem individuellen Bedarf, den ökonomischen Notwendigkeiten und der sozialen Integration dient. Bildungspolitik in diesem Sinn ist Sozialpolitik.

Ein neues Bildungskonzept

Mit »lebenslangem Lernen« oder »lebensbegleitender Bildung« wird ein neues Konzept angesprochen. Ein Bildungswesen soll entstehen, das individuelle und soziale Lernprozesse in der ganzen Lebensspanne fördert und ermöglicht. Aufgrund einer als offen zu bezeichnenden Zukunft, lassen sich Wissen und Fähigkeiten, Qualifikationen und Kompetenzen für den sich rasch wandelnden Arbeitsmarkt und für die sich rasch verändernde Weltgesellschaft nur begrenzt voraussagen. Für Beruf und Alltag gilt es den Menschen in der ganzen Lebensspanne die Chance zu geben, ihr bisher erworbenes Kompetenzprofil durch Lern- und Bildungsprozesse zu erweitern und zu verändern. Es liegt in der öffentlichen Verantwortung Organisationsformen zu entwickeln, die Lernen formaler, nicht-formaler und informeller Art ermöglichen und anerkennen.

Auf den Bildungs- und Lernbedarf unserer Gesellschaft bezogen, erkenne ich für ein solches Bildungskonzept verschiedene aber gleichwertige Aufgaben:

- *bilden*: Individuen bei der Gestaltung ihres Lebens unterstützen, beim Entfalten ihres Potentials fördern, für das Wahrnehmen, Analysieren und Beurteilen von Ereignissen ausstatten – Eigenverantwortung und Selbstbildung ermöglichen;
- *qualifizieren*: um innovativ und produktiv ökonomisches Wachstum zu fördern und sozialen Wohlstand zu sichern, ohne die humanen und natürlichen Ressourcen zu schädigen oder zu zerstören;
- *entwickeln*: den Menschen als Entwicklungswesen verstehen, das intellektuelle, emotionale und physische Dimensionen hat, und in individueller Einmaligkeit mit Unterschieden z. B. hinsichtlich Geschlecht, Kultur, Region oder Religion seinen Lebensbedingungen unterliegt aber sie auch gestaltet;

- *vernetzen*: soziales Lernen geschieht in Gruppen und Organisationen; auch diese müssen sich lernend verändern; Teamarbeit, Konfliktmanagement sowie neue Situationen zu bewältigen sind Beispiele für kollektive Aufgaben in der globalisierten und internationalisierten Gesellschaft;
- *sozialisieren*: das soziale Kapital ausbauen, indem die Fähigkeiten zu Kommunikation oder Konfliktlösung bestärkt und der soziale Gebrauch von Verstand und Emotionen erprobt werden;
- *engagieren*: Verantwortung als Einzelperson oder als Mandatar innerhalb gesellschaftlicher Gruppen übernehmen; zur Entwicklung und Gestaltung der sowie zur Problemlösung in der Gesellschaft beitragen – eine Rolle in der Demokratie als aktive politische BürgerIn erfüllen;
- *kultivieren*: Zusammenleben in Gemeinschaften und Gesellschaften als soziale Aufgabe wahrnehmen, wofür immer wieder neue Formen und Arrangements auszuhandeln und zu erlernen sind.
- *sensibilisieren*: bezieht sich auf das Verhältnis von privat und öffentlich; die Erinnerung an Rechte, Pflichten und Regeln sollen in der individualistischen, wenig solidarischen Gesellschaft ein Gegengewicht schaffen und zur Reflexion über die öffentliche Bedeutung von individuellen Handlungen beitragen.

Triebkräfte des lebenslangen Lernens

Blickt man auf die aktuellen Entwicklungen und Diskussionen bezüglich der Etablierung des Lebenslangen Lernens, so fallen mir verschiedene Motive und Ursachen auf. Sie verdeutlichen den dringenden Reformbedarf. Es kann allerdings auf traditionsreiche Bildungsideen aufgebaut werden. Ebenfalls können aktuelle Bemühungen von Bildungsinstitutionen hinsichtlich des Lebenslangen Lernens aufgegriffen und vernetzt werden.

Humane Triebkräfte
Lebenslanges Lernen entspricht einer die menschliche Würde achtenden pädagogischen Tradition, die sich zum Beispiel in den

Schriften und pädagogischen Konzepten von Amos Comenius, Jean-Jaques Rousseau, Wilhelm von Humboldt, Johann Heinrich Pestalozzi, Ellen Key, John Dewey oder Maria Montessori findet. Auf die jüngere Vergangenheit bezogen ist in der »Allgemeinen Erklärung der Menschenrechte« (1948) der Stellenwert von Bildung begründet. In Artikel 26 wird das Recht auf Bildung festgeschrieben. Grundschulunterricht soll verpflichtend und kostenfrei, Fach-, Berufs- und Hochschulunterricht allgemein verfügbar und entsprechend den individuellen Fähigkeiten zugänglich sein. Ziel der Bildung ist die Entfaltung der menschlichen Persönlichkeit sowie die Achtung vor den Menschenrechten und den Grundfreiheiten. Bildung soll zu Verständnis, Toleranz und Freundschaft zwischen allen Nationen sowie ethnischen und religiösen Gruppen beitragen und die Wahrung des Friedens fördern.

Ökonomische Triebkräfte
Um im individuellen Wettbewerb zu bestehen, um der wachsenden wirtschaftlichen Konkurrenz standzuhalten und um notwendige Höherqualifizierung zu erreichen, empfiehlt es sich, Wissen und Fähigkeiten, Qualifikationen und Kompetenzen stets zu aktualisieren. Die Situation lässt an TänzerInnen denken, die in beständigem Training sind, Körper und Geist fit halten, um bei künstlerischen Veranstaltungen unterschiedlichster Art bereit zu sein, sich kurzfristig und qualitätsvoll zu beteiligen. Damit wird den sich rasch ändernden Anforderungen des Arbeitsmarktes begegnet. Das Lernen am Arbeitsplatz erhält zunehmend Bedeutung, um Veränderungen in der Produktion und komplexer werdenden Aufgaben zu entsprechen. Zu kurzfristigen Anstellungen, Verträgen und Projekten bieten gesicherte Kompetenzprofile und -portfolios bei ArbeitnehmerInnen ein gewisses Gegengewicht. Maßnahmen wie Schulungen, Trainings oder Bildungskarenz erhöhen die Chancen am sich verändernden Arbeitsmarkt Beschäftigung zu erhalten. Deutlich wird die Bedeutung von ausreichender Basis- und Grundbildung, die

in Familie, vorschulischen Einrichtungen und in der Elementarschule vermittelt wird.

Subjektive Triebkräfte
Der Anstrengung und Herausforderung, flexibel auf die sich rasch wandelnden Erfordernisse des Arbeitsmarktes und innerhalb eines Berufsfeldes zu reagieren, entspricht eine subjektbezogene, reflexive Komponente. Doch Veränderungen betreffen auch die Lebenswelt. Neue Arbeitskonzepte, kurzfristige Urlaubsplanung, erhöhte Scheidungsrate, intensiviertes Konsumverhalten, Verlust sozialer Einbettung, Suche nach Selbstverwirklichung und individuellem Glück sowie Einfluss von Medien und Technologie sind Beispiele für einen tiefgehenden gesellschaftlichen Wandel, der reflexive Bildungs- und Lernprozesse bewirkt. Flexibilität und Mobilität ermöglichen und zwingen sich neuen Situationen zu stellen. Dies erhöht den Freiheitsgrad in Beruf und Lebenswelt aber auch die Abhängigkeit davon, sich ständig mit den Bewegungen des Lebens zu beschäftigen.

Organisationale Triebkräfte
Pflichtschulbildung ist für Sechs- bis Fünfzehnjährige staatlich festgelegt. Der Besuch der Höheren Schule und der Hochschule basiert auf Freiwilligkeit und verfestigt eher soziale Unterschiede. Bildung wird »vererbt« und Bildung kumuliert, wo bereits Bildung vorhanden ist. Ein System des lebenslangen Lernens, das Lern- und Bildungsprozesse in der ganzen Lebensspanne ermöglichen will, braucht eine Reorganisation. Die Kooperation zwischen Institutionen soll bisherige Sackgassen der Bildungswege aufheben und bessere Anschlüsse und Übergänge zwischen den traditionellen Bildungssektoren herstellen. Bildungsbibliographien werden dadurch weniger segmentiert sondern können kontinuierlich begleitet werden. Es ist auffällig, dass die elementare Bildung der Kinder bis zum Schuleintritt zu wenig Ressourcen erhält und ebenso für die Weiterbildung in Hinblick auf Allgemeinbildung und Orientierungswissen sowie

insbesondere für das Lernen älterer Menschen im gegenwärtigen Bildungssystem zu wenig vorgesorgt ist. Außerdem ist mehr Nachdruck auf die Professionalisierung und »Verberuflichung« von Personal in der frühkindlichen Bildung sowie in der gesamten Weiterbildung zu legen. Ein Basiscurriculum für die verschiedenen pädagogischen Berufe kann als Beitrag zur engeren Vernetzung der bestehenden Bildungssektoren gesehen werden.

Situative Triebkräfte
Europäisierung, Globalisierung und Modernisierung kennzeichnen gesellschaftliche Einflüsse auf die Lebenslagen der Menschen. Die europäische Politik ist hierbei mit unterschiedlichen nationalen Interessen konfrontiert. Lernprozesse in Hinblick auf Aufklärung über die soziale Situation und Erfahrungslernen bezüglich neuer sozialer Gegebenheiten bekommen eine lebenslange und lebensbegleitende Dimension. Solche Lernprozesse und ähnliche (z. B. Vorbereitung auf Partnerschaft, Elternschaft, Umgang mit Trennung und Verlust ...), die Menschen helfen, neue Situationen zu bewältigen, können unter dem Begriff situatives lebenslanges Lernen zusammengefasst werden. Es betrifft Lebenssituationen, auf die durch vorausgegangenes Lernen nicht vorbereitet wurde oder vorbereitet werden konnte – dazu ist die Aneignung von reflexiver Lernkompetenz, die mit einer generischen Problemlösungsfähigkeit einhergeht, unabdingbar. Insbesondere die Entwicklungen in der Arbeitswelt und die Entstehung neuer Berufsfelder zeigen, dass eine einmalige Lern- und Ausbildungsphase in der Jugend den Anforderungen des Lebenslaufs nicht mehr entspricht. Die Biographieforschung legt – im Zusammenhang mit offenen Lebensverläufen – nahe, von »Patchwork-Existenz« und »Bastelbiographie« zu reden. Einzelne sind als SchöpferInnen ihrer eigenen Biographie und als ständig Lernende anzusehen – zugleich bleibt jede/r an seine und ihre soziale und kulturelle Herkunft gebunden.

Demokratische Triebkräfte
Für unsere demokratische Staats- und Lebensorganisation hat Lernen die Bedeutung bekommen, sich mit Hilfe von Bildungsabschlüssen in der Gesellschaft zu positionieren und diese Position lernend zu verteidigen oder zu verbessern. Zugleich erfordert das demokratische Modell Bürgerinnen und Bürger, die sich lernend den ständigen Veränderungen stellen sowie in der Lage sind, sich an einer partizipativen Demokratie aktiv zu beteiligen. Pluralismus, Interkulturalität, Internationalität sind solche Herausforderungen. Aus Anlass der europäischen Integrationsprozesse wurde deshalb das Konzept des lebenslangen Lernens besonders propagiert, um »active citizenship« zu erreichen. Dies umfasst auch die Aufgabe der sozialen Integration, die sich auf das Verhältnis zwischen unterschiedlichen sozialen Milieus und zwischen den Generationen, aber auch auf Personen mit Migrationshintergrund bezieht. Als Lernende sind nicht nur die Zuwanderer, sondern auch die Einheimischen zu betrachten. Beide Gruppen sollen sich auf neue Gegebenheiten einstellen. In Anbetracht der fortschreitenden Globalisierung bietet sich ein Selbstverständnis als WeltbürgerIn an. Empathie wird zu einer wichtigen Voraussetzung, um Verantwortung für sich und für andere zu übernehmen und Verständnis für sich und andere zur Geltung zu bringen.

Demographische Triebkräfte
Gesellschaftspolitisch wird mit der sozialen Veränderung der »alternden Gesellschaft« die Diskussion um das Selbstverständnis als Einwanderungsland und Einwanderungskontinent angesprochen. Auffällig sind in unserer und in anderen europäischen Gesellschaften die demographischen Veränderungen. Die Zahl der älteren Menschen nimmt zu, der Anteil jüngeren ab. Die nationale und die europäische Sozialpolitik stehen vor der Herausforderung, die Lebensbedingungen für das höhere Lebensalter neu zu gestalten und neue Generationenverträge zu entwickeln. Ebenso wie in Hinblick auf die natürlichen Ressourcen bedarf es

einer Politik der sozialen Nachhaltigkeit, um die Belastung für nachkommende Generationen gering zu halten. Intergenerationales Lernen wird zu einer neuen aktuellen Herausforderung für das Bildungswesen. Eine ebensolche Herausforderung stellt sich mit der Veränderung der Gesellschaft durch Migration. Die Zuwanderung sowie die stete Erweiterung der Gesellschaft durch Menschen mit Migrationshintergrund erfordern interkulturelles Lernen – aber nicht nur von MigrantInnen sondern nicht minder von Individuen und Organisationen des jeweiligen Zuwanderungslandes.

Orientierungen

Es ist ein langer Weg bis zur erfolgreichen Umsetzung der europäischen Zielsetzungen des Lebenslangen Lernens: Lebensphasenorientierung, Eigenverantwortung der Lernenden, lifelong guidance, Kompetenzorientierung und Förderung der Teilnahme. Dazu bedarf es finanzieller und organisatorischer Maßnahmen aber auch grundlegender Veränderungen im Selbstverständnis und im Verhalten aller Beteiligten. Einige Orientierungen für diesen Wandel des Bewusstseins schlage ich hiermit vor:

Integration
Das Konzept des Lebenslangen Lernens unterliegt wie alles menschliche Handeln unterschiedlichen Interessen. Gegenüber dem derzeit dominanten ökonomischen Interesse soll als dialektischer Gegenpol die Betonung der sozialintegrativen Funktion von Lernen und Bildung verstärkt werden.

Grundbildung
Eine neue Basis- und Grundbildung ist zu entwickeln und anzubieten. Inhalte wie Lesen, Rechnen, Schreiben, digital literacy, Technik, Muttersprache und Fremdsprachen, Fähigkeiten

wie Lernen lernen und persönliche bzw. soziale Kompetenzen (z. B. Kommunikation, Teamfähigkeit, Konfliktfähigkeit, interkulturelle Kompetenz) – umfassen zusammen kompetenzorientierte Bildung.

Vielfalt
Die vielfältige, moderne, diversifizierte Gesellschaft sollte differenzierte Bildungsverläufe ermöglichen, wobei pädagogische Einrichtungen sich für unterschiedliche Bildungserwartungen und Lernbedürfnisse öffnen und einstellen sollen. Vielfältige, differenzierte Bildungsangebote werden benötigt, um eigenverantwortlichen Lernenden Entwicklungschancen zu geben.

Individualität und soziale Verantwortung
Lernen und Bildung folgen individueller Dynamik nicht unbeeinflusst von sozialen Dimensionen – Motivation und empowerment, gender sensitivity und Bezug zu Lebensphasen, Emanzipation und soziale Verantwortung sind Beispiele für die Verflochtenheit individuellen Lernens und gesellschaftlichen Handelns.

Bildungsklima
Es liegt an den Organisationen, dem pädagogischen Personal sowie an allen für Bildung politisch Verantwortlichen, ein lern- und bildungsfreundliches Klima in der Gesellschaft herzustellen.

Organisationales Lernen
Für Bildungsinstitutionen stellt sich die Aufgabe der Reorganisation, der Vernetzung und damit des organisationalen Lernens. Die bisherige Abschottung von Institutionen ist aufzuheben, die kooperative Reorganisation zu fördern. Eine Balance zwischen Autonomie und Steuerung zu finden, kann durch begleitende Organisations- und Personalentwicklung erleichtert werden. Organisationales Lernen öffnet den Blick auf die Beziehungen zwischen Individuum und Organisation.

Curriculare Innovationen
Die Trennung von Allgemeinbildung und Berufsbildung ist genauso zu problematisieren, wie die strenge Abgrenzung von Schulfächern und wissenschaftlichen Disziplinen. Interdisziplinarität und Problemorientierung setzen neue Maßstäbe für curriculare Innovationen.

Profil und Qualität
Die Entgrenzung von Bildungsinstitutionen durch neue Aufgaben und neues Klientel erfordert mehr Durchlässigkeit. Die Lernenden wählen entsprechend ihres Bedarfs und ihrer Interessen Angebote. Bildungsinstitutionen brauchen klare Profilbildung und verlässliches Qualitätsmanagement, um optimale und individuell passende Bildungswege zu garantieren.

Differenzierte Didaktik
Kompetenzorientierung und der Blick auf Lernergebnisse fordern die Eigenverantwortung und Selbstbildung der Lernenden aber auch besonders des lehrenden und beratenden Personals heraus. Lernen in der ganzen Lebensspanne stellt sich als neue Aufgabe für Forschung und für die praktische Gestaltung von Lehr- und Lernprozessen. Für die unterschiedlichen KlientInnengruppen ist zielgruppenadäquate didaktische Betreuung und Beratung notwendig.

Professionalität
Die Professionalisierung allen Personals in Hinblick auf lebenslanges Lernen ist zu fördern. Eine zunehmende Komplexität der Aufgaben, wie z. B. lehren, prüfen, beraten, managen, verwalten, organisieren oder vernetzen verändert das Selbstverständnis aller pädagogisch Tätigen. Ein Basis-Curriculum sollte Grundlage für alle pädagogischen Berufe werden. Selbstverantwortete und selbst organisierte lebensbegleitende Lern- und Bildungsprozesse tragen zur Qualität dieser Berufsgruppe bei.

Kompetenzen

Die Diskussion, was junge Menschen und Erwachsene lernen und können sollen, um die Herausforderungen in Alltag und Beruf zu bewältigen, bekommt einen neuen Impuls – und zwar im Begriff Kompetenz. Dies hängt mit dem Paradigmenwechsel zusammen, weniger auf den Input, also auf das, was Lehrende ihren SchülerInnen beibringen wollen, sondern auf den Output zu achten: Was können die SchülerInnen am Ende ihrer Schul- und Lernzeit tatsächlich. Die Lernenden und ihre Lernergebnisse rücken in den Mittelpunkt des Interesses.

An die Stelle bisheriger Maßstäbe, wir nannten sie Noten, Fähigkeiten, Kenntnisse, Wissen, Qualifikationen tritt als neue Zielsetzung: die Kompetenz. Wegen auf immer weniger genau vorhersagbarem Bedarf aufgrund beschleunigter Veränderungen, sei es in der Fortbildung, im Alltag oder im Beruf, bietet der Begriff Kompetenz ein weiteres Verständnis.

Nicht zuletzt die Verwendung des Begriffs Kompetenz in europäischen Programmatiken förderte seinen Gebrauch. Gerade für das lebenslange Lernen werden die folgenden »Acht Schlüsselkompetenzen« als Basis angesehen (Republik Österreich, 2011, S. 12):

- Muttersprachliche Kompetenz
- Fremdsprachliche Kompetenz
- Mathematische Kompetenz und grundlegende naturwissenschaftlich-technische Kompetenz
- Computerkompetenz
- Lernkompetenz
- Interpersonelle, interkulturelle und soziale Kompetenz, Bürgerkompetenz
- Unternehmerische Kompetenz
- Kulturelle Kompetenz

In der Diskussion haben sich inzwischen wichtige Kompetenzbereiche, die die Zukunftsfähigkeit der nächsten Generation garantieren sollen, herauskristallisiert: sozial-kommunikative, Fach- und Methodenkompetenz, personale und Handlungskompetenz. Mit politischem Akzent, der die Stärkung der Demokratie und die Teilhabe am gesellschaftlichen Wandel sichern soll hat der Soziologe Oskar Negt (1997) Kompetenzen formuliert: ökologische, technologische, historische sowie Gerechtigkeits- und Identitätskompetenz. Die Kompetenz Zusammenhänge herzustellen sieht er allen anderen übergeordnet.

Es entsteht der Eindruck, als habe die Diskussion über die unterschiedlichen Kompetenzen schon zu einer Inflation geführt. So viele Bindestrich-Kompetenzen! Es wird ja alles zur Kompetenz, wird kritisiert. Das stimmt, und ist zugleich Ausdruck unseres pluralistischen Wertesystems. Deshalb scheint es mir sinnvoll weiterhin nachzudenken und zu beraten, auf welche Kompetenzen wir und die nächste Generation besonderen Wert legen sollten (vgl. Lenz, 2011, S. 109 ff.).

Abseits der genannten Kompetenzen fällt mir auf, dass wir in einer Welt mit Unsicherheit, Abhängigkeiten und Ungewissheiten leben – bedarf es da nicht einer Relativitätskompetenz? Die Bedeutung von Bildung und Lernen stellt sich individuell und gesellschaftlich – brauchen wir persönliche und kollektive Bildungskompetenz? Wenn wir an Entscheidungen, die die globalisierte Welt aber auch unser regionales Umfeld betreffen, teilhaben und sie beeinflussen wollen, hilft dabei nicht eine Kompetenz eingreifend zu denken und zu handeln – eine Kompetenz des Mitgefühls und des Zuhörens sowie des Entdeckens innovativer Lösungen?

Lernen als Integration

Das Bildungskonzept »Lebenslanges Lernen«, das ein Teil des »Projekts Europa« ist, birgt die Chance Innovationen im bestehenden Bildungswesen einzuführen, Reformen in Gang zu setzen und gerechte Zugänge zu Lernen und Bildung neu zu schaffen. So differenziert wie unsere Gesellschaft ist, so vielfältig und unterschiedlich mächtig ihre einzelnen sozialen Gruppen sind, so differenziert und vielfältig sind auch die Erwartungen und Interessen an das lebenslange Lernen.

Lebenslanges Lernen ist keine Erfindung unserer Tage und es hat keinen europäischen, sondern – wie viele andere gesellschaftspolitische und kulturelle Veränderungen seit dem Zweiten Weltkrieg in Europa – US-amerikanischen Ursprung. In den USA ist das Bildungssystem auf demokratischer Basis konstruiert. Es will allen Interessierten im Laufe der Lebenszeit offen stehen. Diese Offenheit ist unter den Bedingungen US-amerikanischer Lebensverhältnisse zu verstehen – hohe Eigenfinanzierung durch die Lernenden ist notwendig. Allerdings gibt es auch ein sehr großzügiges Stipendienwesen. Das Bildungswesen erfüllt im amerikanischen »melting pot« einen wichtigen Beitrag zur sozialen Integration.

Speziell nach dem Zweiten Weltkrieg hat sich die Aufgabe der Wiedereingliederung in die Gesellschaft ergeben. Zwei Millionen Soldaten, die aus dem Krieg zurückkehrten, mussten sozial integriert werden. Auf der damals entstandenen »ladder of education« beruht der aktuelle Gedanke des lebenslangen Lernens: In diesem System soll es allen Interessierten möglich sein, gemäß dem jeweiligen Interesse und Bedarf auf der entsprechenden Stufe des Bildungswesens wieder einsteigen zu können.

Mit dem lebenslangen Lernen bekommt jede Lernform Bedeutung. Daher auch jedes Lernen das außerhalb von Institutionen geschieht – man spricht dann von informellem Lernen. Diesbezüglich ist die Diskussion in Deutschland und Österreich noch sehr bescheiden. West- und nordeuropäische Länder haben vor allem in der Anerkennung außerinstitutioneller Lernergebnisse schon einige Tradition (vgl. Frank, Gutschwo, Münchhausen, 2005). Erkennbar und anzustreben ist auch diesbezüglich eine Integration: auch Lernen außerhalb von Institutionen, außerhalb üblicher und festgelegter Wege, soll seine Anerkennung finden.

Humankapital im Wettbewerb

Die Europäische Union entstand aus ökonomischen Überlegungen, aber sie eröffnet auch neue Perspektiven. Als Friedensprojekt zielt sie auf sozialen Frieden. Dies setzt auch soziale Gerechtigkeit, unterstützt durch das Bildungssystem, voraus. Die eingangs gestellte »Über-Lebensfrage«, wie friedliche Existenz möglich ist, erhält hiermit Resonanz.

Die von der Europäischen Union autorisierten programmatischen Dokumente zur Entwicklung des Bildungswesens in Richtung »lifelong learning« bringen deutlich veränderte Akzente mit sich. Ich fasse einige kurz zusammen:

- die Lernenden stehen im Mittelpunkt,
- Kompetenzen lehren,
- Beratung ausbauen,
- jedes Lernen und dessen Ergebnisse anerkennen.

Die europäische Linie des lebenslangen Lernens speist sich aus der Akzeptanz von Bildung und Lernen in den 1960er und 1970er Jahren. Die Bedeutung für die Ökonomie, für die Neu- und Weiterqualifikation, für wirtschaftlichen Wettbewerb und für ein konkurrenzfähiges Humankapital wurde erkannt. Emanzipatorische Momente, humane Werte und humanistische Orientierungen spielten natürlich auch eine Rolle. Doch an der Entwicklung der Erwachsenenbildung wurde sichtbar, wie sich auch in finanzieller Hinsicht das ökonomische Motiv durchsetzte. Bis heute ist das in Tageszeitungen, die über Bildungsthemen berichten oder entsprechende Beilagen zum Wochenende publizieren, eindeutig: berufsorientierte Weiterbildung und Fachhochschulen sind das fast ausschließliche Thema. Eine allgemeinbildende, eine politische, eine emanzipatorische Erwachsenenbildung, die der Entfaltung individueller Persönlichkeit oder der Reflexion gesellschaftlicher Entwicklungen dient, scheint in den Meldungen gar nicht auf.

Nicht zuletzt hat die neoliberale politische Welle die ökonomische Dominanz verfestigt.

Österreich wurde in die bildungspolitische Absicht lebenslanges Lernen zu fördern durch den 1995 erfolgten Beitritt zur Europäischen Union eingebunden. Die entscheidenden Beschlüsse der europäischen Bildungspolitik markieren Ergebnisse und Aussagen, die nach den Städten, in denen sie gefasst wurden, benannt sind.

Ausgangspunkt für die gemeinsame europäische Bildungspolitik sind die Beschlüsse von Lissabon mit einem nicht gerade maßvollen Anspruch: Die Europäische Union solle der dynamischste und wettbewerbsfähigste wissensbasierteste Wirtschaftsraum der Welt werden (vgl. Europäischer Rat, 2000). Aus Sicht der Bildungspolitik wollte die Strategie des »Lebenslangen Lernens« zum Erreichen dieses Ziels beitragen. Basisdokument war das »Memorandum über Lebenslanges Lernen« von Brüssel im Jahre 2000. Da die hochgesteckten Zielsetzungen nicht erreicht wurden, hat es inzwischen ein »Reframing« gegeben: Die Nachfolgestrategie heißt »Europa 2020« (Europäische Kommission 2010).

Die darin formulierten strategischen Ziele wollen lebenslanges Lernen verwirklichen, allgemeine und berufliche Bildung verbessern, Gerechtigkeit, sozialen Zusammenhalt und aktiven Bürgersinn fördern sowie Innovation, Kreativität und unternehmerisches Denken unterstützen.

LLL – Strategie 2020

In diese aktuelle politische Strömung fügen sich die nationalen Anstrengungen Österreichs ein. Die »Strategie Lebenslanges Lernen – 2020« wurde am 5. Juli 2011 vom Ministerrat akzeptiert. Damit weist sich die politische Akzeptanz auf höchster Ebene aus. Meines Erachtens hat das Bildungsthema »Lebenslanges Lernen« auch als gesellschaftspolitisches Querschnittsthema Anerkennung gefunden. Die Strategie 2020 wird nämlich von vier Ministerien – Unterricht, Wissenschaft, Wirtschaft und Soziales – mitgetragen. Zugegeben, das Finanzministerium als letztlich entscheidende geldgebende Stelle ist nicht dabei – aber gehen wir davon aus, dass es dieser Strategie und den damit verbundenen Vorhaben wohlwollend gegenübersteht.

Die Entwicklung der Strategie 2020 geht auf einen mehrjährigen Diskussions- und Konsultationsprozess zurück. 2007 entstand in einer Arbeitsgruppe von VertreterInnen verschiedener Bildungssektoren ein Basispapier »Leitlinien einer kohärenten LLL-Strategie für Österreich«. Dessen Veröffentlichung und Diskussion brachte dem Thema Aufmerksamkeit. Auch die Sozialpartner griffen die Problematik auf und legten sich gemeinsam in ihrem Dokument »Chance Bildung« (2007) fest, die Bedeutung lebenslangen Lernens anzuerkennen und die Umsetzung zu unterstützen. Eine eigene wissenschaftliche Expertise, »ExpertInnenbericht zum Konsultationsprozess« (2010), die die bisherigen Erörterungen zusammenfasste und eine eigenständige Dokumentation vorlegte, wurde schließlich zur Grundlage einer beschlussreifen Fassung: Die »Strategie zum lebensbegleitenden Lernen in Österreich« (Republik Österreich, 2011) konnte für den Ministerrat erstellt werden.

Die Strategie 2020 folgt fünf einander ergänzenden Leitlinien:

Lebensphasenorientierung soll dem jeweiligen Alter entsprechend Bildungsbeteiligung eröffnen.

Lernende in den Mittelpunkt stellen kann durch innovative Lernarchitekturen, flexibles Lernen, neue Lernorte sowie Lehrende, die sich auf alternative Lehr- und Lernformen einlassen, verwirklicht werden.

Lifelong Guidance betont die Bedeutung von Lern- und Lebensberatung sowie die Notwendigkeit Beratung auszubauen, zu verbessern und zu professionalisieren.

Kompetenzorientierung will informelles Lernen anerkennen, Transparenz und Vergleichbarkeit von Gelerntem herstellen und Instrumente zur Beurteilung von Kompetenzen weiterentwickeln.

Förderung der Teilnahme an lebenslangem Lernen stellt die Bildungsmotivation in den Vordergrund und verlangt gezielte Anreize und Fördermaßnahmen.

Vier Grundprinzipien geben allen Bildungsmaßnahmen der »Strategie 2020« Orientierung. Es handelt sich um

- Gender und Diversity,
- Chancengleichheit und soziale Mobilität,
- Qualität und Nachhaltigkeit,
- Leistungsfähigkeit und Innovation.

Die zuvor genannten »Acht Schlüsselkompetenzen für lebensbegleitendes Lernen«, die vom Europäischen Rat und dem Europäischen Parlament empfohlen wurden, geben den Rahmen ab, auf den sich alle Maßnahmen des lebenslangen Lernens beziehen und den sie weiterentwickeln sollen. Die konkrete Umsetzung drückt sich in Aktionslinien aus. Sie entstanden in Hinblick auf die aktuellen Probleme des österreichischen Bildungswesens. »Lebenslanges Lernen« als Bildungsstrategie für das kommende Jahrzehnt kann somit als unmittelbare Antwort auf den Bildungsnotstand in Österreich verstanden werden.

Die Aktionslinien richten sich auf folgende Problembereiche (vgl. Republik Österreich, 2011, S. 14 ff.):

- vorschulische Bildung und Erziehung stärken,
- Grundbildung und Chancengleichheit im Schul- und Erstausbildungswesen gewährleisten,
- Nachholen von Schulabschlüssen kostenlos ermöglichen und Grundkompetenzen für das Erwachsenenalter erwerben,
- alternative Übergangssysteme ins Berufsleben für Jugendliche ausbauen,
- Neuorientierung in Bildung und Beruf schaffen sowie Work-Life-Balance berücksichtigen,
- Community-Education in der Zivilgesellschaft verankern,

- lernfreundliche Arbeitsumgebungen fördern,
- Beschäftigungs- und Wettbewerbsfähigkeit durch Weiterbildung sichern,
- Lebensqualität in der nachberuflichen Lebensphase durch Bildung erhöhen,
- non-formal und informell erworbene Kenntnisse und Kompetenzen durch akzeptierte Verfahren anerkennen.

Die Umsetzung der »Strategie 2020« soll von einem jährlichen Monitoring und einer ständigen Erfolgskontrolle durch eine ministeriell besetzte Task Force begleitet werden.

MENSCHENBILDUNG

Empörung
Reformstau
Bunte Welt
Interkultur statt Integration
Diversity als Lernprojekt
Zum Wohl des Kindes
Menschenbildung
Lernpflicht
Gesellschaftliches Lernen
Ende des Wissensmonopols
Neue Bildungsorganisation

Empörung

Betrachte ich die gesellschaftliche Lage zeichnet sich für die nächste Zukunft eines ab: Das Sparen an Ausgaben des Staates, die seine bisherigen sozialen Kernaufgaben betreffen, wird nicht aufhören. Die Aussagen, wann wirtschaftliches Gleichgewicht in Europa wieder hergestellt ist, bewegen sich bereits bei einer Dauer von mindestens zehn Jahren.
Die sozialen Unterschiede in der Gesellschaft werden nicht ausgeglichen, sondern allenfalls in einem Abstand gehalten werden, der den sozialen Frieden nicht grundlegend gefährdet. Auf die Veränderungen demographischer Art wird durch begrenzte Zuwanderung reagiert werden – die kapitalistischen Verhältnisse sind lernfähiger geworden. Eine revolutionäre Umwälzung mit Anwendung von Gewalt würde auch die Mächtigen, Einflussreichen und Profitierenden bedrohen. Die neue Welt ist die alte Welt. Die Europäische Union ist ja auch ein Friedensprojekt, das die bestehenden Verhältnisse sichert. Sie hat bewahrenden – konservativen – Charakter.
Doch Unzufriedenheit mit der sozialen Lage ist hörbar und spürbar. Die gerade kämpferisch vorgetragenen Appelle sich zu empören, sich zu engagieren oder seinem Gewissen zu folgen, gehen interessanterweise von älteren Personen aus. Der sicherlich zurzeit publizistisch erfolgreichste und in der Öffentlichkeit angesehenste »Rebell« ist der ehemalige französische Widerstandskämpfer und Diplomat Stéphan Hessel (geb. 1917). Mit seinen beiden kurzen Schriften »Empört Euch« (2011) und »Engagiert Euch« (2011) berührte und erreichte er Millionen Menschen. Seine Motivation war die Sorge, die von ihm mitverteidigten humanen Werte – er arbeitete auch an der Fassung der Menschenrechte von 1948 mit – gehen jetzt verloren.
Mehr anklagend als mahnend äußert sich Jean Paul Ziegler (geb. 1934), Professor für Soziologie und Menschenrechtsbeauftragter der UNO, wenn er Bücher veröffentlicht wie »Der Hass auf den Westen« (2009) oder »Die neuen Herrscher der Welt und

ihre globalen Widersacher« (2005). Zieglers nicht gehaltene Eröffnungsrede zu den Salzburger Festspielen 2011 ist als kleine Schrift erschienen: »Der Aufstand des Gewissens« (2011).
Altkanzler Helmut Schmidt (geb. 1918) hat sich in Deutschland wiederholt zu Wort gemeldet. Er fordert eine aktive Haltung der politisch Verantwortlichen in Europa, um die ängstigende und lähmende Krisenstimmung zu überwinden.
Auch in Österreich mischen sich altgediente Politiker und Journalisten wieder in das Tagesgeschehen ein. Der einstmals »bunte Vogel«-Politiker Erhard Busek (geb. 1941) mit dem Ruf nach neuen politischen Initiativen und einer Publikation »Was haben wir falsch gemacht« (2010). Hannes Androsch (geb. 1938), der ehemalige Finanzminister der Regierung unter Bundeskanzler Bruno Kreisky (1911 – 1990), als Initiator eines Bildungsvolksbegehrens. Nicht zuletzt der Journalist Hugo Portisch (geb. 1927), der politische Bildner der österreichischen Nation, mit der Publikation »Was jetzt« (2011). Er weist auf die ökonomischen und sozialen Vorteile hin, die die Europäische Union ihren Mitgliedern gebracht hat und warnt davor den Staatenbund aufzugeben.
Der Tenor aller Aussagen empfiehlt an der europäischen Vereinigung festzuhalten. Unüberhörbar sind die Aufforderungen zu einer mutigen Politik, die sich nicht vom ökonomischen Druck dirigieren lässt sondern die sozialen Errungenschaften verteidigt. Nicht zuletzt wird dafür plädiert die Werte einer freien europäischen Gesellschaft, die seit der Aufklärung propagiert werden und in den Menschenrechten festgeschrieben sind, zu achten und zu leben.
In all diesen Erwartungen spielt das Vertrauen in die Lernfähigkeit der Menschen und in ihre Bereitschaft sich zu bilden eine große Rolle. Es gilt wohl auch hier, dass es Bedarf nach gesellschafts- und bildungspolitischem Mut gibt. Das bestehende Bildungswesen hat einen historisch gewordenen Bedarf erfüllt. Um der Gegenwart besser zu dienen, sollte es für die Bedürfnisse einer lebensbegleitenden Bildung neu durchdacht und neu konzipiert werden.

Reformstau

Nimmt der Bildungssektor die Finanzkrise als Chance wahr? Als Chance die Aufgaben zu überdenken, neue Strukturen einzuführen, Kooperationen, die Geld einsparen und Effektivität bringen, zu finden? Schwer erkennbar, es ist weder in Diskussionen noch in der Praxis ein Thema. Gefordert werden von VertreterInnen der Politik und laut Umfragen mehrheitlich von der Bevölkerung – Studiengebühren. Der private finanzielle Anteil an der Tertiären Bildung soll gegenüber dem staatlichen erhöht werden. »Ich bin schon für Studiengebühren«, hat mir eine Studentin auf meine Frage geantwortet, »aber nur, wenn ich auch eine bessere Leistung der Universität dafür erhalte.« Ob die angestrebte geringere StudentInnenzahl, die übrigens eine geringere Summe an Gebühren mit sich brächte, schon die Qualität verbessert, möchte ich hier mit Nachdruck bezweifeln. Der Beweis dafür steht wohl in den Sternen – und wer könnte ihn auf welche Weise messen? Erfahrung und »performance records«, die über Internet öffentlich einsehbaren Leistungsnachweise von UniversitätslehrerInnen, zeigen, dass diese Lehrenden, die viele Studierende betreuen und zum Studienabschluss führen, nicht die schlechtesten sind sondern zu guten Leistungsträgern ihrer Institute zählen.

Die Erhöhung der Qualität wissenschaftlicher Einrichtungen im internationalen Ranking kann anders gelingen: wenn sich die relativ separierten und alle extra verwalteten und von einem eigenen Rektorat geleiteten Universitäten, Pädagogischen Hochschulen oder Fachhochschulen zu größeren Organisationseinheiten zusammenschließen. Im Tertiären Sektor gibt es in Österreich immerhin 54 Einrichtungen. Nicht nur das wissenschaftliche Potential auch die Einsparungen bei Verwaltung, Raumnutzung, gemeinsamen Bauvorhaben, Beschaffung allgemeiner Güter, oder bei der Koordination des Lehrangebots wäre bemerkenswert. Doch die Idee zumindest lokal innovative Kooperationen zu entwickeln ist ein zartes Pflänzchen. Die ständige Wiederholung der Forderung, wir wollen mehr Geld und weniger Studierende, lässt keine Alternativen heranwachsen. Ebenso gering bleibt die Hoffnung auf Reformen im Schulsektor, solange sich die beiden tragenden Regierungsparteien jeden allfälligen Erfolg missgönnen und keine Interessen des sie wählenden Klientels gemeinsam beantworten können oder wollen. Die Umbenennung von Hauptschulen in Mittelschulen ändert nichts an den bestehenden Strukturen und der dadurch reproduzierten Ungleichheit.

Bunte Welt

Während die zuvor genannte alte Garde an die Grundwerte der europäischen Zivilgesellschaft nach 1945 erinnert und ihre Einhaltung verlangt, hat die europäische Gesellschaft, aber nicht nur sie, eine neue Facette bekommen. Ihre Bevölkerung und deren Lebensweisen sind vielfältiger geworden. Mobilität und Migration, Internationalisierung von Produktionsstätten, Beschleunigung von Kommunikation sowie schnellerer und erweiterter Zugang zu Informationen hat eine, hätte es früher euphemistisch geheißen, »buntere« Welt hervorgebracht.
Blicken wir auf die Globalisierungstendenzen der letzten Jahre, in deren Folge auch der schwierige Zusammenschluss der Europäischen Union zu verstehen ist, stehen wir vor einer neuen Aufgabe: Wir sollten das menschliche Dasein als ein weltumspannendes Vorhaben neu »erfinden« und verstehen. Mensch sein heute bedeutet ein globalisierter Mensch zu sein.
Der Soziologe Oskar Negt erörtert die vor sich gehende machtpolitische Neuorientierung in unserer Welt. Er sieht Differenzierungen im Weltbegriff und Widersprüche bei der weiteren Gestaltung der Weltlage. Wo Traditionen in den Lebenswelten enden, entstehen neue Freiräume aber zugleich eine gewisse Haltlosigkeit. Nationalstaatlicher Einfluss wird begrenzt, internationale Konzerne erhöhen ihren Machtbereich nicht aber ihre

soziale Verantwortung. Das Sicherheitsbedürfnis der Menschen akzeptiert keine amorphe Vielfalt sondern erwartet eine funktionierende Ordnungsmacht. Der Bedarf einer profitorientierten Ökonomie nach leicht verwertbaren, flexiblen und anpassungsbereiten Menschen konveniert mit freiwillig gehorsamen, an ihrem unmittelbaren Konsumbedarf interessierten Menschen, die das Eigenwohl über das Gemeinwohl stellen.

Für Negt lautet die Antwort auf die dramatischen Änderungen von Weltlage und Weltgesellschaft, dass wir ein neues Lernprojekt fördern sollen, indem sich der »politische Mensch« entfalten und entwickeln kann. Negt plädiert für einen »… Lernzyklus, einer Vertiefung und Vervielfältigung der politischen Bewusstseinsbildung, in der Sachwissen und Orientierung unabdingbar miteinander verknüpft sind. Diese politischen Lernprozesse haben an der Strukturveränderung der Weltbilder anzusetzen.« (Negt, 2010, S. 65).

Interkultur statt Integration

Ein anderer Ansatz nimmt die tatsächliche Situation der Gesellschaft, in der wir leben, zum Ausgangspunkt. Deutschland, und das gilt auch für Österreich, ist heute als Einwanderungsgesellschaft zu bezeichnen. Der Publizist und Schriftsteller Mark Terkessidis (geb. 1966) tritt gegen ein überkommenes Verständnis von Integration auf, die Menschen, die nicht einer Leitkultur angehören, an diese anzupassen. Er fordert eine »Barrierefreiheit«, um Institutionen neu zu entwickeln, damit sie der aktuellen Vielfalt der Gesellschaft entsprechen. Er tritt für eine »Interkultur« ein, um ein Leben in einem uneindeutigen Zustand zu ermöglichen und eine noch unklare Zukunft zu gestalten.

Terkessidis hält die Einwanderung nicht für eine Störung von Harmonie, denn eine solche habe nie existiert. »Und Harmonie muss auch nicht immer das Ideal sein – aktuell haben wir es mit Dissonanz und Brechung, mit Unreinheit und Improvisation zu tun. Das bedeutet nun nicht, dass sich langfristige Planung nicht mehr lohnt – im Gegenteil: Sie muss aber flexibler werden. Wir stehen vor der großen Aufgabe einer interkulturellen Alphabetisierung. Und dabei lernen wir alle eine neue Sprache.« (Terkessidis, 2010, S. 10).

Bemerkenswert, dass uns wie bei Negt auch hier ein neues Lernprojekt vorgeschlagen wird. Lernen ist ein Hoffnungsgebiet in Modellen gesellschaftlichen Wandels!

Wir lernen Diversity in der globalisierten Gesellschaft. Wir lernen in einer unsicheren Gegenwart eine Zukunft hervorzubringen, die wir noch nicht kennen und verstehen. Auch in diesem Zukunftsentwurf spielt Vielfalt eine bedeutende Rolle.

Interessant, finde ich am Ansatz der »Interkultur«, dass im Gegensatz zur »Integration«, behauptete Defizite von Zuwanderern nicht aufzuholen oder auszugleichen sind, sondern für alle Mitglieder der Gesellschaft ein (Lern-)Prozess angeregt wird, die gemeinsame Zukunft zu gestalten. Eine neue interkulturelle Landschaft ist entstanden, die Regeln, wie man in ihr zusammenlebt und sie weiterentwickelt, sind erst zu erarbeiten und auszuhandeln. Mark Terkessidis plädiert dafür nicht auf ein »Eigenes«, auf eine »Leitkultur« oder auf bestimmte Errungenschaften der Vergangenheit zu beharren. Zugunsten der neuen Vielfalt, die in Deutschland (und Österreich!) existiert, urteilt der Autor, sollte auf die Vorstellung einer »Schicksalsverbundenheit«, in der gemeinsam etwas durchlitten und geleistet wurde, verzichtet werden. Terkessidis steht mit beiden Beinen auf dem Boden der Gegenwart und schlägt am Ende seines Buches vor (ebd., S. 220): »Was existiert, ist die gemeinsame Zukunft. Es ist egal, woher die Menschen, die sich zu einem bestimmten Zeitpunkt in der Polis aufhalten, kommen und wie lange sie sich dort aufhalten. Wenn erst einmal die Zukunft im Vordergrund steht, dann kommt es nur noch darauf an, dass sie jetzt in diesem Moment anwesend sind und zur gemeinsamen Zukunft beitragen.«

Diversity als Lernprojekt

Wir könnten Diversity als lebensbegleitendes Lernprojekt der Moderne betrachten. Wenn wir menschliches Leben als etwas sich ständig Wandelndes verstehen, hilft, um zu erkennen, welche Handlungsmöglichkeiten wir haben, der Blick auf die ganze Lebensspanne. Wann lernen wir, was wir für das Leben brauchen? Wann lernen wir uns selbst zu steuern, andere zu achten, die Umwelt zu schätzen?
Es fällt auf, dass sich die Gesellschaft verpflichtet Lernen zwischen dem Alter von 6 und 15 Jahren zu organisieren. Das ist die Zeit der Schul- oder Unterrichtspflicht. Davor und danach stellt sie zwar Möglichkeiten bereit, überlässt aber den Einzelnen, abhängig von ihren sozialen Bedingungen, Lern- und Bildungschancen wahrzunehmen. Der Blick auf die Lebensspanne zeigt, wo wir diesbezüglich Nachholbedarf haben. Die Lernanregungen in früher Kindheit, die elementare Bildung sind ebenso zu fördern, wie die Selbstbildung Erwachsener bis ins hohe Lebensalter. Die berufliche Schiene der Weiterbildung wurde in den letzten Jahren gestärkt. Für Orientierung im Wandel der Welt, für Lernen aus Lebensereignissen, für die Bildung der eigenen Persönlichkeit als reflexive Selbstsorge wird mit öffentlichen Mitteln verhältnismäßig wenig getan. Die Berücksichtigung der Lebensspanne macht aufmerksam, das ganze Leben in seinen Zusammenhängen zu sehen und in seiner Gesamtheit wertzuschätzen. Der Blick auf die Lebensspanne sollte uns achtsamer werden lassen, wie wir uns selbst lernend wandeln – und achtsamer darauf, dass wir uns in sozialen Beziehungen bewegen. In dieser Vielfalt bilden wir uns und die Gemeinschaft, die uns umgibt.

Zum Wohl des Kindes

Neue Produkte erobern den Markt, weil Bedarf nach ihnen besteht oder erzeugt wird. Institutionen verändern sich, um den Bedürfnissen der Kunden zu entsprechen. Das Bildungswesen tut sich schwer bedarfsgerecht zu agieren, weil es vielen, teilweise widersprüchlichen Erwartungen und Interessen gegenüber steht und von diesen in Dienst genommen werden will: Lehrende, Eltern, Kinder, politische Parteien, Religionsgemeinschaften, Gewerkschaften, VertreterInnen der Wirtschaft und Sozialpartner, Familienverbände, Jugendorganisationen, Gesundheitseinrichtungen ... sicherlich kann dieses Spektrum von einflussnehmenden Akteuren noch erweitert werden. Das ist auch der Grund, dass das Bildungswesen nicht als ein kompaktes, einheitliches und übergreifend organisiertes System auftritt.

Die unterschiedlichen Interessen, aufgrund derer das Bildungswesen in seiner heutigen, fraktalen Form besteht, haben sich durchgesetzt. Sie lassen sich nur vorsichtig auf das Risiko einer Reform oder Reorganisation ein. Das Versprechen auf Optimierung unterliegt der Angst vor Verlusten hinsichtlich Status, Verdienst, Leistung, Anerkennung, Macht und Einfluss. Wer die seit Jahren geführten Diskussionen über Schulreform kennt, ist nicht überrascht zu hören, dass alle in unterschiedlichen Lagern Argumentierenden das »Wohl des Kindes« beabsichtigen. Dieses abstrakte Kind gibt es aber nicht, sondern es gibt nur Kinder, die wieder, wie ihre Eltern, verschiedenen gesellschaftlichen Gruppen und Milieus angehören. Es gibt keine Lobby für alle Kinder – genauso wenig wie für alle Lehrlinge, Studierenden oder alle Erwachsenen, die Weiterbildung auf sich nehmen.

Eine allgemeine, die unterschiedlichen Interessen übergreifende Begründung für geplante und organisierte Bildungsangebote, lässt sich aus den Menschenrechten ableiten. In diesen wird der Zugang zur Grundbildung für alle eingefordert sowie ein Recht auf Basisbildung festgelegt. Übernimmt man diesen Anspruch der Menschenrechte in den reichen Gesellschaften des Nordens und Westens, so weiß man heute, das ist nicht genug. Wir brauchen eine Garantie für ein Menschenrecht auf Bildung das ganze Leben lang. Sehen wir die Kinder allerdings auch unter einer lebenslangen Perspektive und des notwendigen Lernens in der Lebensspanne, so wachsen sie über den Kinderstatus hinaus.

Kindheit wird zu einer bedeutsamen Lebensphase des gesamten menschlichen Daseins. Sie findet besondere Beachtung bezüglich grundlegender Bildungs- und Lerninitiativen, weil von diesen die Entwicklung und Qualität der Bildungsbereitschaft im weiteren Leben abhängt. Kinder sind nicht als kleine, störende, unvollkommene, hilfsbedürftige Wesen zu betrachten. Kinder bergen bereits den künftigen Menschen in sich. Kindheit ist eine Periode in einer im Zusammenhang zu verstehenden Lebensspanne.

In der wissenschaftlichen Analyse hat sich bereits eine andere Auffassung durchgesetzt. Kinder werden nicht mehr als unfertige, defizitäre Wesen betrachtet: »Alle modernen Forschungsansätze betrachten das Kind als ‚Akteur' mit vielfältigen Potentialen, Kompetenzen, Fähigkeiten, Wissen und Informationen über sich und die Welt« (Andresen, Hurrelmann, 2010, S. 8). Das heißt aber meines Erachtens nicht, dass Kinder der vollen Verantwortung oder denselben Aufgaben wie Erwachsene ausgesetzt werden sollen. Kinder sind beides – schützenswert und förderungswürdig. Sie haben Wert und Würde. Wir sehen in ihnen die künftigen Jugendlichen und Erwachsenen, deren Lebensweg und Entwicklung, deren Schicksal und Persönlichkeit auch davon abhängen, welche Bildungswege sie beschreiten.

Menschenbildung

Das Konzept des Lifelong Learning, die Betrachtung von Bildung in der Lebensspanne führt darüber hinaus, Lernchancen auf die Phasen der Kindheit und Jugend zu begrenzen. Das Modell sich nur in einer ersten Phase zu bilden und zu lernen kommt somit an sein Ende. Es geht um Menschenbildung.

Bildung in der Lebensspanne sprengt das staatliche Korsett, das im 18. Jahrhundert entworfen wurde und heute nicht mehr passt.

Der Grundgedanke einer ersten und einzigen (Aus-)Bildungsphase in Kindheit und Jugend wird zwar verbal verabschiedet, doch die inzwischen entstandenen Institutionen können nicht einfach aufgegeben werden.

Analoges geschieht z.B. im Bereich der Mobilität. Im 18. Jahrhundert lag die tägliche Reisegeschwindigkeit bei etwa 30 km. So dauerte eine Durchquerung Frankreichs von Norden nach Süden etwa 17 Tage. Diese Strecke fährt der moderne französische Hochgeschwindigkeitszug heute in vier Stunden. Doch die Straßenführung, die Wege der Gleise verlaufen noch immer, abgesehen von Tunnels und Brücken, in ursprünglichen Bahnen. So ist es auch bei Bildungswegen – die Strukturen und Institutionen wurden modernisiert, aber das Grundverständnis ist im Wesentlichen geblieben. Wir haben zwar die Bildungseinrichtungen des 19. und 20. Jahrhunderts modernisiert, doch nicht die Haltungen: es wird belehrt und selektiert!

Menschenbildung braucht neue Räume und neue Konzepte für ihre weitere Entwicklung und Realisierung. Das betrifft unter anderem die Wissensthemen, die gelehrt werden, die Lebenszeit und -phasen, die dafür vorgesehen sind aber auch die Pflicht, gewisse Lernanstrengungen auf sich zu nehmen.

Lernpflicht

Lernen ist nicht nur eine Pflicht der jungen Generation. Um Bedrohung von der Menschheit abzuhalten und positive Weiterentwicklungen anzuregen, sind alle Generationen gefordert zu lernen. Lern- und Bildungsprozesse während des ganzen Lebens sind notwendig, um die Dynamik des Daseins zu verstehen und positiv zu beeinflussen. Der Seelenforscher C.G. Jung (1876 – 1961) wunderte sich in seinen Analysen des Träumens, warum so viele Menschen ihr Potential so wenig nutzen: »Mich hat immer wieder beeindruckt, wie viele Menschen niemals ihren Verstand gebrauchen oder wenn, dann in erstaunlich töricht-

ter Weise. Ebenfalls verwundert war ich darüber, wie wenig Gebrauch viele intelligente Menschen von ihren Sinnesorganen machen.« (Jung, 2011, S. 59).
Doch es ist nicht selbstverständlich von einer Verpflichtung zum Lernen nach der »Pflichtschule« zu sprechen. Es verletzt den Status des Erwachsenen, der durch den freien Willen, durch die Freiheit sich für oder gegen etwas zu entscheiden, definiert wird. Die Pflicht zum Lernen besteht im Besuch von Institutionen. Das war im 18. und 19. Jahrhundert auch als Schutz vor Kinderarbeit gedacht. Ob tatsächlich gelernt wird, kann offensichtlich nicht garantiert werden – das belegen die negativen Ergebnisse trotz langjährigen Schulbesuchs.
Lernen ist eine Chance, ein Wahrnehmen von Möglichkeiten, sich mit Problemen zu beschäftigen. Der damit verbundene Wissenserwerb ist ein Potential, um Einsichten zu gewinnen und um Entscheidungen zu überlegen. Die angeeigneten Kompetenzen dienen als Werkzeug, um Handlungen auszuführen, ihre Folge abzuschätzen und um sie zu reflektieren. Bildung ist das Potential an Orientierung im Denken und Handeln, das helfen soll, bestehende Zustände zu transformieren. Allerdings in einer Art und Weise, die nicht wissentlich oder absichtlich anderen Schaden zufügt.
Trotzdem: verpflichtendes Lernen? Wir assoziieren dies mit Zumutung, Zwang, mit Gehirnwäsche, Indoktrination oder Zwangsbeglückung und lehnen dies ab. Die demokratische Freiheit schließt auch die Freiheit zum Nicht-Lernen ein.
Bildung kann und soll nicht erzwungen werden. Sie ist ein Gut, das sich jede und jeder nur selbst erschließen kann. Doch es ist möglich, so wie wir auch im Bereich der Gesundheit gesellschaftliche Rahmenbedingungen durch Gesetze (Einschränkung des Rauchens, Verbot von Drogenkonsum, Arbeitszeitregelung, Grenzen der Schadstoffbelastung) vorgeben, auch im Bildungsbereich Regelungen und positive Anreize zu schaffen.

Gesellschaftliches Lernen

Was gelernt wird, ist nicht gleichgültig sondern stets von Neuem auszuhandeln. Es besteht ja, wie schon gezeigt, eine gesellschaftliche Notwendigkeit für Themen ein Verständnis zu gewinnen, die unser künftiges Dasein beeinflussen. Dazu gehören z.B. Energie, Gesundheit, Essen, Kommunikation und Information, Bevölkerungswachstum, Migration, Lebensstil, Finanzmärkte …

Wenn Individuen lernen, ist das gut. Aber bezogen auf die aktuellen Probleme ist es notwendig, dass sich das Verhalten der ganzen Gesellschaft verändert.

Wir sind z.B. gerade dabei uns als Gesellschaft bezüglich des Rauchens einzuschränken oder es sogar ganz aufzugeben. Die Lernimpulse erfolgen durch medizinische Aufklärung, Informationskampagnen, Verteuerung von Zigaretten, gesetzliche Regelungen und Strafen.

In Europa haben wir, nach jahrhundertelangen Kriegen gegeneinander offensichtlich gelernt, friedlich miteinander zu leben. Dazu gehören aber auch Vereinbarungen, positive Anreize, gegenseitige Achtsamkeit, ökonomische Vorteile. Schon längst – aber es hat erst vor gut hundert Jahren begonnen – haben wir gelernt den motorisierten Verkehr als Bestandteil unseres Daseins zu akzeptieren. Wir müssen aber besonders in den letzten Jahren lernen, unsere Umwelt nicht dieser Form der Mobilität zu opfern.

Mit dem Aufruf zum lebenslangen und lebensbegleitenden Lernen ertönt zugleich ein Signal darüber nachzudenken, ob unser Bildungswesen nicht auch dahingehend reformiert werden sollte, was es inhaltlich vermittelt. Lernen wir das Richtige?

Ende des Wissensmonopols

Meine Skepsis, dass große organisatorische Reformen im Bildungswesen in absehbarer Zeit zustande kommen, habe ich schon zum Ausdruck gebracht. Zu unterschiedlich ist die Interessenslage, zu festgefahren das Denken in den Kategorien, »geht nicht« und »geht sicher nicht« und »das kann ich mir nicht vorstellen«. Kabarettisten leben davon.

Doch warum soll Mensch jahrelang Institutionen durchlaufen, in denen Anpassung erfolgt und Bildung behindert wird? In früherer Zeit war die Vermittlung von Wissen Monopol von Klöstern und Mönchen, durch Schule wurde es verallgemeinert. Studenten zogen mit ihren Professoren von einer europäischen Universität zur anderen, Hauslehrer begaben sich mit ihren Zöglingen auf Bildungsreise, auf die Grand-Tour, Handwerker lernten auf der Walz.

Die Demokratisierung und die Bereitstellung von Wissen setzte sich im Laufe der Aufklärung durch. Einige Ursachen habe ich schon genannt: Volksbildung, um das allgemeine Qualifikationsniveau und die Staatstreue zu heben, die Publikation von Enzyklopädien, um Wissen gegen falsche Autoritäten einzusetzen, die Alphabetisierung der Protestanten, um den Glauben zu stärken oder die zunehmende Bedeutung von Wissen und Fähigkeiten aufgrund militärischer und ökonomischer Interessen. Nicht zuletzt aber auch wegen humaner Menschenbilder, die ein Dasein in Friede und Freiheit propagierten.

Der Zugang zu Wissen ist heute kein Monopol der Einrichtungen des staatlichen Bildungswesens. Im Bereich der Elementar- und Grundbildung übernehmen private Kindergruppen, Eltern, alternative Schulen die Aufgabe der Erstbildung. Homeschooling ist in den USA eine Bewegung die rund 3 Millionen Kinder umfasst.

Wissen und Haltungen, Kenntnisse und Werte strömen aus vielen Quellen: Radio, Fernsehen, Zeitung, lassen sich bequem durch Anfragen im Internet ergänzen. Was ich nicht weiß, google ich! Durch die Wikipaedia ist ein Lexikon für alles entstanden, das Lehrende und Lernende unter den gleichen Wissensbogen stellt. Die Produktion von Wissen, die nicht der innovativen und konkurrenzorientierten Forschung entspringt, erfolgt inzwischen an Universitäten, die dieses Wissen didaktisch aufbereiten und verkaufen. Die Open University hat Tradition, aber inzwischen gibt es auch andere Universitäten, die ihre akademische Lehre online stellen (vgl. die Website »Academic Earth«: http://academicearth.org).

Neue Bildungsorganisation

Wie im Finanzbereich die Bonität herabgestuft wird, so hat das österreichische Bildungssystem international schon länger nur mehr ein bescheidenes Ansehen. Doch es geht mir nicht um Ranking sondern um eine Zielsetzung. Ein neues Bildungswesen, das zum friedlichen Zusammenleben der Menschen beitragen will, sollte angedacht, geplant und verwirklicht werden.

Meine Vorstellung von Menschenbildung geht von Grundsätzen und einem Menschenbild aus, das sich an Eigenverantwortung, Autonomie und mit mitfühlender Solidarität orientiert. Das bringt Konsequenzen für die Gestaltung von Bildungswegen: – eine neue Bildungsorganisation, die ein längeres soziales Miteinander ermöglicht und die Erfahrungen sozialer und beruflicher Tätigkeiten gemeinsam erschließt.

Organisation
Auflösen von Sackgassen, Erhöhen der Durchlässigkeit, Bildungszentren für verschiedene AdressatInnen und mit unterschiedlichen Angeboten statt einzelner in sich geschlossener Institutionen.

Personal
Professionelle, wissenschafts- und forschungsbasierte Ausbildung für alle pädagogischen Berufe und adäquate Bezahlung.

Kompetenzen
Es kommt darauf an, was Lernende tatsächlich können, Wissen ist nie umsonst oder überflüssig aber nicht vorrangig zu erreichen-

des Ergebnis. Kompetenzen als umfassendere Ausstattung, sind die Grundlage für Lernende, um sich ein Leben lang Zusammenhänge über die komplexen Vorgänge unseres Daseins zu schaffen.

Lernzeiten
Für das Lernen in der Lebensspanne ergeben sich auch andere Lernzeiten als für das bisherige System des Lernens in der Erstphase. Bei einer Lebensspanne von durchschnittlich 80 Jahren nehme ich etwa 25% von der Zeit für konzentriertes Lernen, das öffentlich unterstützt werden soll, in Anspruch. Ein solches Bildungs- und Lernsystem umfasst dann:

Kindergarten und Vorschule	2 Jahre
Grundschule	6 Jahre
Mittelstufe	2 – 3 Jahre
Oberstufe mit Lebens- und Berufsorientierung	3 – 4 Jahre

Diese Zeit der »Lebens- und Berufsorientierung«, die bisherige Schulzeit, sollten möglichst alle Jugendlichen durchlaufen, wobei eben auch das Leben, in Form von sozialem Engagement und beruflicher Tätigkeit oder Praktika, »gelernt« wird. Das bedeutet zwei Jahre Kindergarten für alle sowie gemeinsamer Schulbesuch aller Jugendlichen etwa 12 Jahre lang. In der Oberstufe kann ein Berufsabschluss parallel erworben werden.
Studium ist in der Folge je nach Studienzweig und Abschluss (ab dem 3. Jahr als Bachelor) mit bis zu 6 Jahren zu veranschlagen. Stipendien und private Zahlungen, gemäß dem individuellen sozialen Vermögen oder in Form eines später rückzahlbaren Darlehens, unterstützen das System.
Inklusive Studium entspricht dies insgesamt 20 Bildungsjahren, also etwa ein Viertel der Lebenserwartung. Meine Vorstellung ist, dass alle Mitglieder eines Staates von so einem Guthaben

ausgehen sollten – ich sehe es als Recht und Pflicht 20 Bildungsjahre zu erfüllen. Das würde bedeuten, dass Personen, die kein Studium absolvieren, über ein Guthaben an Bildungszeit verfügen, das sie im Laufe ihres Lebens in Form von Weiterbildung einlösen können.

Ein solches Konzept hebt den Stellenwert von Elementarbildung, der beruflich integrierten Bildung aber auch den der Weiterbildung. Gerade letztere arbeitet schon längst mit einem flexibleren Zeitmanagement als Schulen oder Universitäten. Es ergibt sich eine Aufwertung der Weiterbildung, weil sie stärker auf Beratung und Planung von (berufsbegleitender) Bildung setzen kann und damit den individuellen Bedürfnissen der Lernenden entgegenkommt.

Es ist zurzeit unübersehbare Politik öffentliche Ausgaben zu verringern und private Ausgaben für ursprünglich öffentliche Aufgaben (z.B. Gesundheit, Sicherheit, Verkehr, Bildung) zu erhöhen. In anderen Ländern (z.B. USA, Südkorea, Japan) ist es schon lange üblich für Kinder, meist schon ab deren Geburt, ein »Bildungs-Sparbuch« anzulegen. Damit soll der künftige Bildungsweg finanziert werden. Warum leisten wir uns keine Bildungsgarantie durch den Staat, der Bildungswillige mit zinsenfreiem Kredit unterstützt?

BILDUNG NEU ERFINDEN

Respektlosigkeit
Kreativ abweichen
Niemand ist ungebildet
Streben nach Glück
Sinn schaffen
Lebenskunst
Menschen achten
Zweifel bildet

Respektlosigkeit

Ein Wunsch an mich selbst ist es, gelassen durch die Welt zu gehen. Weit von diesem Ziel entfernt, erlebe ich mich im Alltag und im Beruf. Ich rege mich auf, bin ungeduldig und unbeherrscht. Ich kritisiere, verbessere und nörgle, versuche andere zu beeinflussen und gute Ratschläge zu erteilen. Ganz Pädagoge möchte ich überzeugen und nicht überreden, ganz unpädagogisch setze ich oft meine Interessen ohne allzu viel Rücksicht auf andere durch.

Wo ich mich selbst als egoistisch, direktiv aber auch als erfolgreich wahrnehme, bemerke ich mich von einem gewissen Maß an Respektlosigkeit geleitet. Das bringt mir schlechtes Gewissen, da mir in meiner Erziehung und Sozialisation Gehorsam, Ehrfurcht, ja sogar eine gewisse Unterwürfigkeit beigebracht wurden. Für mich und andere Kinder der Nachkriegszeit setzten noch militärische Tugenden die Maßstäbe. Meinen Eltern, in bescheidenen Verhältnissen aufgewachsen, galt eine immer höfliche, dankbare und widerspruchslose Haltung als standesgemäß. In diesem Sinn erzogen sie mich – in diesem Sinn versuchten sie mich zu erziehen.

Den Mut eigensinnig durch das Leben zu gehen, habe ich wohl trotzdem von Kindheit an entwickeln können – wahrscheinlich schulde ich ihn der Geborgenheit meines Aufwachsens und den Widersprüchen, die ich in meinem Leben erfahren durfte. Ich meine mir aber ein gewisses Maß an Respektlosigkeit bewusst erarbeitet zu haben. Ich verwende den Begriff mit einer positiven Bedeutung, im Sinne einer Bereitschaft, vorgegebene Grenzen zu überschreiten.

Einen kräftigen Anstoß respektloser zu werden, gab mir meine Studienzeit Ende der 1960er Jahre. Da erlebte ich unmittelbar in Seminaren und Vorlesungen, wie Mitstudenten es wagten Professoren (Professorinnen gab es nur als Ausnahmen) zu unterbrechen, Fragen zu stellen, eigene Ansichten vorzutragen, andere Auffassungen zu haben oder für andere Positionen, Theorien und

Interpretationen einzutreten. Respektlosigkeit gegenüber einem Vortragenden war zugleich Respekt vor einem anderen Wissenschaftler oder dessen Publikationen und vor der eigenen Überzeugung das Richtige zu wissen. Die Autorität hat nicht immer Recht, lernte ich. Doch vor allem: Niemand hat das Recht Autorität zu sein, um allein darauf seine Wahrheit zu gründen.

Autoritäten in Frage zu stellen und mich als Autorität nicht zu überschätzen begleiteten mich von da an bis heute. Das »respektlose« Hinterfragen – ohne vor mir selbst Halt zu machen, war und ist Antrieb meines lebensintegrierten Bildungsprozesses.

Kreativ abweichen

Sehr anregend fand ich die Lektüre eines kleinen Buches, das drei systemische Familientherapeuten verfassten. Ihre Respektlosigkeit bringen sie mit einem klaren Ziel in Zusammenhang: Es gilt, was dem Patienten dient. Über zwanzig verschiedene therapeutische Schulen, meinen die Autoren, geben im Einzelfall keine Sicherheit, nach welcher vorzugehen ist. Zum Einsatz kommen soll diejenige, die hilft. Als Devise gilt: Wer heilt hat Recht.

Diese Respektlosigkeit korrespondiert nach den Autoren mit dem englischen Begriff »irreverence«: »Es ist uns wichtig zu betonen, dass hier Respektlosigkeit nicht im Sinne von Geringschätzung und mangelnder Achtung von Menschen gemeint ist, sondern ein Sich-Erlauben und Dazu-Stehen, kreativ von gewohnten Ideen abzuweichen, wenn es nützlich ist.« (Cecchin, Lane, Ray, 2005, S. 12).

Dem Respekt vor einem theoretischen System, vor einem Denkgebäude oder vor der Zugehörigkeit zu einer Denkschule, steht die moralische Verpflichtung gegenüber im Interesse des Patienten Grenzen zu überschreiten, respektlos gegenüber Autoritäten und bestehenden Lehrmeinungen zu sein.

Ein schlimmes Beispiel aus der Medizin ist das von Ignaz Semmelweis (1818 – 1865). Er entdeckte die Ursachen des Kindbett-

fiebers. Er führte die oft tödlich verlaufende Infektionskrankheit auf die mangelnde Hygiene der Ärzte zurück. Der damaligen Praxis entsprach es, dass Ärzte Leichen obduzierten und unmittelbar danach junge Mütter versorgten, wobei sie diese mit tödlichen Keimen infizierten. Die Einsicht von Semmelweis, die ein Vorwurf gegen das übliche Verhalten und gegen das theoretische Krankheitsverständnis der damaligen ärztlichen Autoritäten war, wurde abgelehnt, Semmelweis selbst an der Universität Wien wissenschaftlich nicht anerkannt. Erst etwa eine Generation von Ärzten später, lange nach dem unaufgeklärten Tod des »Respektlosen« in einem Wiener Irrenhaus, in das ihn Kollegen überstellen ließen, setzte sich seine Ansicht durch.
Respektlosigkeit bedeutet für mich gegen den Strom zu schwimmen und sich nicht bequem im Mainstream treiben zu lassen. Es bedeutet aber auch bereit zu sein, die eigenen Überzeugungen in Frage zu stellen und nicht bedingungslos auf sie zu bauen. Daraus ergibt sich eine skeptische Haltung, die in jeder Situation von neuem versucht begründete Sicherheit und Gewissheit zu erlangen, um Entscheidungen zu treffen. Das sollte uns bewusst sein – situativ bedingt handeln wir in unserem Leben. Von festen Handlungsmustern und von sicheren Erfahrungen auszugehen ist nicht hilfreich, da jede neue Lebenssituation neue Bedingungen mit sich bringen kann. Wachsam und achtsam, ganz im Sinne von »serendipity«, erschließt sich die Realität. Erst wenn wir sie anzweifeln, lernen wir hinzu, wie wir uns jeweils verhalten sollen.
Meine Bildung entwickelt sich nicht durch Gewissheit sondern durch Zweifel.

Niemand ist ungebildet

Sich respektlos gegenüber Bildungsangeboten und -institutionen zu verhalten, bedeutet nicht diese gering zu schätzen oder sie zu verachten. Doch ich gehe davon aus, der Anspruch andere bilden zu wollen, hat einen überheblichen Charakter. Als Lehrender setze ich voraus – es gibt gar keine ungebildeten Menschen. Ich habe nicht mit Ungebildeten zu tun, weil unsere Art der Wahrnehmung schon eine gewisse »Gebildetheit« ausdrückt und ständig hervorbringt. Natürlich können wir bewusst daran arbeiten, wie und was wir von der Welt aufnehmen. Der Filter unserer Sinnesorgane, gesteuert von Lernorgan Hirn, spielt dabei eine Rolle.

Wenn wir kurz innehalten und auf unsere Umgebung achten, merken wir, wie viele Akteure ununterbrochen damit beschäftigt sind unsere Wahrnehmung zu erobern. Ein ständiger Kampf um unsere Aufmerksamkeit ist im Gang. Wir sind ständig aktiv, unsere Wahrnehmungen und Eindrücke zu registrieren, zu ordnen, abzuweisen oder zu integrieren. Indem wir existieren, bilden wir uns. »Niemand ist ungebildet«, will die Lebenserfahrungen von Menschen anerkennen und Respekt vor den Lernenden sichern (vgl. Lenz, 2004).

Damit verbindet sich auch meine Ansicht, dass es heute kein bevorzugtes Wissen mehr gibt, das Gebildete auszeichnet. Kenntnisse in Naturwissenschaft und Technik sind nicht weniger bildend als solche der Geistes- oder Humanwissenschaften. Die berufliche Erfahrung eines Lehrlings ist nicht weniger bildend als das Bücherstudium eines Gymnasiasten.

Streben nach Glück

Kann Bildung beitragen ein friedliches Leben zu führen – entsprechend den eigenen Bedürfnissen und mit Rücksicht auf die Interessen anderer Menschen? Ich denke schon, allerdings unter der Voraussetzung Bildung aus dem Korsett diverser Gruppeninteressen und ihren Einflüssen zu befreien.

Mein Verständnis von Bildung beschreibt nicht die Erlösung aus der realen Welt: sie beschreibt nicht, wodurch ich mich verbessere, vervollkomme oder »veredle« und somit über meine Mit-

menschen erhebe. Mit Bildung drücke ich den Prozess aus, in dem sich Menschen lernend ihres Daseins vergewissern und sich kommunizierend auf ihre Mitmenschen einlassen. Trägt diese Art von Bildung zu unserem Glück bei, fragen die Menschen? In unserer individualistischen, um nicht zu sagen egoistischen, Gesellschaft ist es Mode geworden vom Glück der Einzelnen zu sprechen. Wie man in dieser Welt glücklich wird, ist ein Hauptthema der sozial besser gestellten Bevölkerung – wir erinnern uns, es betrifft etwa eine Milliarde Menschen, den siebenten Teil der Weltbevölkerung, geographisch und politisch hauptsächlich die BewohnerInnen der OECD-Staaten. Angebote unserer Konsumgesellschaft, die direkt und indirekt Glück versprechen, überschlagen sich: Bücher, Wellness, Urlaub, Auto, Essen, Einkauf ... Glück ist ein Etikett geworden, das den Konsum anregen soll.
Glück ist flüchtig – das ideale Konsumgut?

Sinn schaffen

Der Philosoph Wilhelm Schmid (geb. 1953) hat sich über das Bedürfnis des modernen Menschen glücklich zu sein Gedanken gemacht. In einem schmalen Büchlein, »Glück. Alles, was Sie darüber wissen müssen, und warum es nicht das Wichtigste im Lebens ist« (2007), unterscheidet er zunächst vier Formen: Zufallsglück, Wohlgefühlglück, Glück der Fülle und Glück des Unglücklichseins. Doch letztlich bleiben alle diese Glückserfahrungen einzelne Ereignisse. Von Dauer hingegen kann sein, wenn Sinn gestiftet wird. Sinn sieht Wolfgang Schmid in allem, wo Zusammenhänge erkennbar sind und hergestellt werden: »... wenn also einzelne Dinge, Menschen, Begebenheiten, Erfahrungen nicht isoliert für sich stehen, sondern in irgendeiner Weise aufeinander bezogen sind. So lässt sich sagen: Sinn, das ist Zusammenhang, Sinnlosigkeit demzufolge Zusammenhanglosigkeit.« (Schmid, 2007, S. 46).

Der Philosoph zählt auch Beziehungen hinzu, die Menschen miteinander pflegen. Damit kommen wir auf eine Begriffsbestimmung von Bildung zurück, die ich schon vorhin angeboten habe. Bildung stellt Beziehungen her und ist somit sinnstiftend.

Das Ergebnis seiner Reflexionen: Wir leben in Zeiten des Umbruchs, das lässt uns kurzfristig nach dem Glück greifen. Dies bestätigt sich, wenn wir unsere soziale Umwelt beobachten: schneller Genuss, kurzes Zusammensein ohne Verantwortung – One Night Stand, öftere, kleine, kurzfristig geplante Urlaube, wechselnde Unterhaltung, schnelle Befriedigung von Bedürfnissen. Wer genau hinhört, lauscht auf solche Botschaften in medialen Erfolgsangeboten. Liegt ihr Erfolg darin, den Zeitgeist in Worte zu fassen und ihn zugleich spektakulär zur Schau zu stellen? Jack Sparrow, der schlaue Kapitän der »Pirates of the Caribbean« lebt – im Film – nach dem Motto: »Nimm, was du kriegen kannst – und gib nichts wieder zurück!« Jack Sparrow, wahrscheinlich nicht zufällig ein »Hans Sperling«, als Vorbild in der Berg- und Talfahrt eines welligen, unberechenbaren Lebens, in dem die Lust Glück zu haben, alles gilt?

Wolfgang Schmid hat einen anderen Rat für uns bereit. Auf das flüchtige Glück meint er, komme es nicht an. Der Sinn ist das Entscheidende. Wenn wir unser Leben mit vielen sinnvollen Handlungen erfüllen, dann stellt sich das Glück als Folge ein. »Jede Arbeit aber, und sei sie noch so unscheinbar, begründet Sinn, wenn ein Mensch sich ihr aus ideellen und nicht nur aus materiellen Gründen widmet. Und genau dann, wenn er auf solche Weise Sinn erfährt, kann er vieles durchstehen und bewältigen – letzten Endes auch die Herausforderungen des modernen Lebens.« (Schmid, 2007, S. 75).

Seines Glückes Schmied ist also, wer seinem Leben Sinn gibt, indem sie oder er durch Handeln Sinn schafft.

Lebenskunst

Ob wir es lernen können, ein sinnerfülltes Leben zu führen? In den umstrittenen und antiquierten Bildungsinstitutionen besteht wohl wenig Chance, auch wenn seit Neuestem ein »Schulfach Glück« erprobt wird. Was uns eher hilft, wird als Lebenskunst gepriesen.
Lebenskünstler sind wir alle, attestiert uns der Soziologe Zygmunt Bauman (geb. 1925). Wir müssen es sein, um in dieser instabilen, haltlosen Moderne existieren zu können. Für ihn ist die Ungewissheit das natürliche Biotop des Lebens. Wir sollten das Leben als Kunst akzeptieren und es nach den Regeln der Lebenskunst führen. Das bedeutet sich Ziele zu setzen, die das unmittelbar Mögliche überschreiten. »Wir müssen«, so Baumann, »das Unmögliche versuchen. Ohne uns mit zuverlässigen Prognosen oder gar Gewissheiten trösten zu können, bleibt uns nur die Hoffnung, dass es uns nach langen und mühseligen Anstrengungen eines Tages gelingen wird, das angestrebte Niveau und die ersehnten Ziele zu erreichen und die Aufgabe zu meistern.« (Bauman, 2010, S. 38).
Von einer solchen Anstrengung unsere Potentale zu verbessern geht auch ein anderer Sozialwissenschaftler aus. Wir können unser humanes Potential besser ausschöpfen, empfiehlt der Hirnforscher Gerald Hüther (geb. 1951) in seinem Buch »Was wir sind und was wir sein könnten« (2011). Statt Gräben und Mauern sollten wir Brücken bauen, statt uns formen zu lassen, sollten wir selbst gestalten, anstelle im bisherigen Trott weiterzumachen sollten wir alternative Wege gehen. Was unser Gehirn betrifft, meint der Neurobiologe, ist genug Potential vorhanden individuell und für die Gemeinschaft produktiv zu sein. Um unser Potential aber tatsächlich zu entfalten und weiter zu entwickeln, sollten wir mit anderen Individuen und Gemeinschaften in Begegnung und Austausch treten.
Sich bilden und Bildungsprozesse anregen basiert, so kann ich ergänzen, auf Beziehung und Kommunikation.

Menschen achten

Lässt sich mit all den Widersprüchen, die uns im Leben begegnen, mit den Ansprüchen, Erwartungen, Bedingungen, Bedürfnissen, Hoffnungen, Idealen und Sehnsüchten, mit denen wir leben – ein sinnvolles Leben führen?
Ein sinnvolles Leben führen heißt für mich, sich den verschiedenen Einflüssen des Lebens stellen: sie beurteilen, analysieren, annehmen, ablehnen ... alle diese Aktivitäten – erinnern Sie sich an das Gedicht von Bertolt Brecht, Wie bildet sich der Mensch, am Anfang des Buches – geben den Menschen Gelegenheit sich als Mensch zu formen, zu gestalten, zu bilden.
Das Ungenügen sogenannter Bildungsinstitutionen besteht darin, dass sie nur Einrichtungen des Lernens, des Vermittelns und Disziplinierens sind. Sie vergeben Noten und Zertifikate, Zeugnisse und Berechtigungen. Aber es ist nicht ihr Ziel und ihre Absicht Bildungsprozesse, die befähigen die Welt und sich selbst zu gestalten, zu fördern. Eine derartige Bildungsaufgabe hat im Denken der Verantwortlichen – der LeiterInnen, LehrerInnen, EvaluatorInnen, der PädagogInnen und PsychologInnen, der WissenschaftlerInnen und ExpertInnen – keinen Standort.
Bildung bleibt ein Fremdwort – es wird verwendet aber nicht übersetzt, nicht transformiert: denn dann hätten Bildungsinstitutionen andere Ziele.
Mich leitet ein klares Selbstverständnis: Pädagogische Bildungsaufgabe ist es, Menschen zu stärken, sie bei ihren lebensbegleitenden Lernprozessen zu betreuen und zu ermutigen. Das ist gar nicht so schwer: denn niemand ist gänzlich ungebildet. Deshalb brauchen wir z.B. Erwachsene nicht »lebenslänglich« zu belehren. Es genügt, Bedingungen zu schaffen, die es den Menschen erlauben, sich selbst weiterzubilden. Wer schon Kinder und Jugendliche als »sich Bildende«, als Menschen, die »nicht ungebildet« sind, achtet, fördert deren Selbstwertgefühl, deren Selbstvertrauen, deren Selbständigkeit und deren

Selbstbewusstsein – grundlegende Voraussetzungen, um sich selbst und andere Menschen zu achten und zu respektieren.

Zweifel bildet

Wer Bildung fördern will soll Raum geben für Prozesse der Selbstreflexion, für Zweifel und Widerstand, für Analyse und Begründungen, für Fehler, Irrtümer und vor allem für den Mut, immer wieder neu anzufangen.
Analog zur Lebenskunst rückt Bildungskunst in den Vordergrund. Wir sammeln Erfahrungen aber wir können nicht alte Muster in neuen Konstellationen anwenden. Leben heißt sich ständig in neuen Situationen, Bewegungen und Prozessen zu finden, deren Verlauf und Ausgang ungewiss sind. Für jede neue Lebensszene können die bisherigen Erfahrungen zwar herangezogen werden, aber weil sie neu ist, bringt sie neue Prozesse hervor. Dies erfordert aktualisierte Handlungspotentiale. Sie zu gestalten und zu steuern gelingt mit unserem Wissen und Können, mit unseren Kompetenzen, Fähigkeiten und Einsichten – dabei lernen wir, systematisch oder zufällig. Auf diese Weise bilden wir uns. Auf diese Weise gebildet kommt die nächste Lebensszene auf uns zu. Wenn ich kurz innehalte, vom Fließen des Geschehens Abstand nehme und vom Rand in all das aktuelle Lerngetriebe unseres Bildungswesens blicke, dann fällt mir auf, wie wenig wahrgenommen wird, was dort geschieht. Viel wird geforscht und publiziert, konferiert und diskutiert – das Hamsterrad bewegt sich. Doch es strengt an! Heiter, gelassen, neugierig und optimistisch zeigen sich nur wenige.
Achtung und Respekt vor Lernenden? Wer bringt das mit? Konzentration auf individuelle Anliegen? Wer hat dafür Zeit? Sorgsamer Umgang mit sich selbst? Wer kann das von sich behaupten? Welchen Sinn geben wir den Lern- und Bildungsinstitutionen, von denen wir ein Teil sind? Welchen Sinn geben wir unseren eigenen Handlungen als Lernende und Lehrende?

Selbstbildung nährt sich von konstruktivem Zweifel. Zweifel gibt Anlass und Anregung Bildungs- und Lernprozesse mit anderen zu teilen – mit anderen in Beziehung zu treten.
Diese kommunikative Form sich selbst gemeinsam mit anderen zu bilden, erlaubt uns Lehrende und Lernende zugleich zu sein.
Wir sollten dabei bescheiden bleiben, wachsam und achtsam.
Als Wegweiser wähle ich zum Abschied ein Gedicht von Bertolt Brecht (1973, S. 1017). Ich schätze es auch deshalb, weil es ein Fragment ist:

HÖRE BEIM REDEN!
Sag nicht zu oft, du hast recht, Lehrer!
Lass es den Schüler erkennen!
Strenge die Wahrheit nicht allzu sehr an:
Sie verträgt es nicht.
Höre beim Reden!

LITERATUR

Adorno, Theodor W.: Theorie der Halbbildung. In : Ders.: Gesammelte Schriften. Band 8. Soziologische Schriften I. Frankfurt am Main 1959, S. 93-121.

Adorno, Theodor W.: Erziehung zur Mündigkeit. Frankfurt am Main 1971.

Adorno, Theodor W.; Horkheimer, Max: Dialektik der Aufklärung: Philosophische Fragmente. Frankfurt am Main 1988.

Allgemeine Erklärung der Menschenrechte. München 2008.

Andresen, Sabine; Hurrelmann, Klaus: Kindheit. Weinheim 2010.

Badinter, Elisabeth: Der Infant von Parma: oder Die Ohnmacht der Erziehung. München 2010.

Bauman, Zygmunt: Wir Lebenskünstler. Berlin 2010.

Beck, Ulrich: Risikogesellschaft. Auf dem Weg in eine andere Moderne. Frankfurt am Main 1986.

Bloch, Ernst: Das Prinzip Hoffnung. Frankfurt am Main 1967.

Blom, Philipp: Böse Philosophen. Ein Salon in Paris und das vergessene Erbe der Aufklärung. München 2011.

Blumenberg, Hans: Begriffe in Geschichten. Frankfurt am Main 1998.

Boltanski, Luc; Chiapello, Eve: Der neue Geist des Kapitalismus. Konstanz 2006.

Böning, Holger; Schmitt, Hanno; Siegert, Reinhart (Hg.): Volksaufklärung. Eine praktische Reformbewegung des 18. und 19. Jahrhunderts. Bremen 2007.

Brecht, Bertolt: Gesammelte Werke. Frankfurt am Main 1973.

Bundesministerium für Wissenschaft und Forschung: 2011 Statistisches Taschenbuch. Wien 2011.

Bundesministerium für Wissenschaft und Forschung: Universitätsbericht 2008. Wien 2008.

Burke, Peter: Papier und Marktgeschrei. Die Geburt der Wissensgesellschaft. Berlin 2001.

Busek, Erhard (Hg.): Was haben wir falsch gemacht? Eine Generation nimmt Stellung. Salzburg 2010.

Cecchin, Gianfranco; Lane, Gerry; Ray, Wendel A.: Respektlosigkeit. Provokative Strategien für Therapeuten. Heidelberg 2005.

Dauber, Heinrich; Verne, Etienne: Freiheit zum Lernen. Reinbek bei Hamburg 1984.

Dülmen, Richard van (Hg.): Entdeckung des ICH. Die Geschichte der Individualisierung vom Mittelalter bis zur Gegenwart. Köln 2001.

Ehrenberg, Alain: Das Unbehagen in der Gesellschaft. Berlin 2011.

Elias, Norbert: Über den Prozess der Zivilisation. Soziogenetische und psychogenetische Untersuchungen. Frankfurt am Main 1978.

Europäische Kommission: EUROPE 2020. A strategy for smart, sustainable and inclusive growth. Brüssel 2010.

Europäischer Rat: Schlussfolgerungen der Präsidentschaft – Sitzung des Europäischen Rats in Lissabon, 23.-24. März 2000. Lissabon 2000.

Frank, Irmgard; Gutschow, Katrin; Münchhausen, Gesa: Informelles Lernen. Verfahren zur Dokumentation und Anerkennung im Spannungsfeld von individuellen, betrieblichen und gesellschaftlichen Anforderungen. Bielefeld 2005.

Freire, Paulo: Pädagogik der Unterdrückten. Stuttgart, Berlin 1970.

Gautier-Moulin, P.: Individualisation. Ein aktuelles Schlüsselthema in der beruflichen Weiterbildung Frankreichs. In: Grundlagen der Weiterbildung, 1/1990, S. 308 ff.

Geißler, Harald: Organisationspädagogik. Umrisse einer neuen Herausforderung. München 2000.

Gellner, Ernest: Pflug, Schwert und Buch. Grundlinien der Menschheitsgeschichte. München 1990.

Goethe, Johann Wolfgang von: Wilhelm Meisters Wanderjahre oder Die Entsagenden. In: Goethes Werke. Hamburger Ausgabe. Bd. 8: Romane und Novellen. München 1998.

Haas, Wolfgang: Haltlosigkeit. Zwischen Sprache und Erfahrung. Wien 2000.

Hamel, Jürgen; Tiemann, Klaus-Harro (Hg.): Die Kosmos-Vorträge 1827/28 in der Berliner Singakademie. Berlin 1993.

Harrison, Robert: Gärten. Ein Versuch über das Wesen der Menschen. München 2010.

Hentig, Hartmut von: Die Schule neu denken. Weinheim 2008.

Herrmann, Ulrich: Das pädagogische Jahrhundert. Volksaufklärung und Erziehung zur Armut im 18. Jahrhundert in Deutschland. Weinheim 2010.

Hessel, Stéphane: Empört Euch. Berlin 2011.

Hessel, Stéphane: Engagiert Euch. Berlin 2011.

Höllmann, Thomas B.: Die Seidenstraße. München 2007.
Horx, Matthias: Das Buch des Wandels: Wie Menschen Zukunft gestalten. München 2011.
Humboldt, Alexander von: Kosmos. Entwurf einer physischen Weltbeschreibung. Frankfurt am Main 2004.
Hüther, Gerald: Was wir sind und was wir sein könnten. Ein neuro-biologischer Mutmacher. Frankfurt am Main 2011.
Jonas, Hans: Das Prinzip Verantwortung. Versuch einer Ethik für die technologische Zivilisation. Frankfurt am Main 1984.
Jung, Carl Gustav: Symbole und Traumdeutung. Ein erster Zugang zum Unbewussten. Ostfildern 2011.
Kant, Immanuel: Beantwortung der Frage: Was ist Aufklärung? In: Bahr, Ehrhard (Hg.): Was ist Aufklärung? Thesen und Definitionen. Stuttgart 1981, S. 9-17.
Key, Ellen: Das Jahrhundert des Kindes. Weinheim 2000.
Küenzlen, Gottfried: Der Neue Mensch. Eine Untersuchung zur säkularen Religionsgeschichte der Moderne. München 1997.
Lao Tse: Tao-Te-King. Zürich 1990.
Leithold, Norbert: Friedrich II. von Preußen: Ein kulturgeschichtliches Panorama von A-Z. Frankfurt am Main 2011.
Lenz, Jakob Michael: Der Hofmeister oder Vorteile der Privaterziehung. Frankfurt am Main 2009.
Lenz, Werner: Niemand ist ungebildet. Beiträge zur Bildungsdiskussion. Münster 2004.
Lenz, Werner: Wertvolle Bildung. Kritisch – skeptisch – sozial. Wien 2011.
Lessing, Gotthold Ephraim: Die Erziehung des Menschengeschlechts u.a. Schriften. Stuttgart 1986.
Liebknecht, Wilhelm: Wissen ist Macht – Macht ist Wissen. Berlin 1904.
Liessmann, Konrad Paul: Theorie der Unbildung: Die Irrtümer der Wissensgesellschaft. München 2006.
Locke, John: Some Thoughts Concerning Education. Einige Gedanken über die Erziehung. Paderborn 1967.
Lyotard, Jean-Francois: Das postmoderne Wissen. Wien 2009.
Mann, Thomas: Bekenntnisse des Hochstaplers Felix Krull. Frankfurt am Main 2008.

Münch, Richard: Globale Eliten, lokale Autoritäten. Bildung und Wissenschaft unter dem Regime von PISA, McKinsey & Co. Frankfurt am Main 2009.

Nakane, Chie: Die Struktur der japanischen Gesellschaft. Frankfurt am Main 1985.

Neber, Heinz u.a. (Hrsg.): Selbstgesteuertes Lernen. Psychologische und pädagogische Aspekte eines handlungsorientierten Lernens. Weinheim, Basel 1978.

Negt, Oskar: Der politische Mensch. Demokratie als Lebensform. Göttingen 2010.

Negt, Oskar: Kindheit und Schule in einer Welt der Umbrüche. Göttingen 1997.

Neill, Alexander S.: Theorie – Praxis der antiautoritären Erziehung. Das Beispiel Summerhill. Reinbek bei Hamburg 1969.

Neumann, Helga; Neumann, Manfred: Vom Pauker zum Pädagogen. Ein literarischer Streifzug durch die Schule im ‚Jahrhundert des Kindes'. Stuttgart 2011.

OECD: Bildung auf einen Blick 2011. OECD-Indikatoren. Paris 2011.

OECD: Trends Shaping Education 2010. Paris 2010.

OECD: The Well-being of Nations. The Role of Human and Social Capital. Paris 2001.

Ovid, Publius Naso: Metamorphosen. Epos in 15 Büchern. Stuttgart 1988.

Picht, Georg: Die deutsche Bildungskatastrophe. Olten 1964.

Portisch, Hugo: Was jetzt. Wien 2011.

Postman, Neil: Die zweite Aufklärung: Vom 18. ins. 21. Jahrhundert. Berlin 1999.

Precht, Richard David: Wer bin ich und wenn ja, wie viele? Eine philosophische Reise. München 2007.

Qualtinger, Helmut; Merz, Carl: Der Herr Karl. Gütersloh 2007.

Remer, Theodore G. (Ed.): Serendipity and the Three Princes. Oklahoma 1965.

Republik Österreich: Strategie zum lebensbegleitenden Lernen in Österreich. LLL: 2020. Wien 2011.

Rosenstrauch, Hazel: Wahlverwandt und ebenbürtig. Caroline und Wilhelm von Humboldt. Frankfurt am Main 2009.

Roth, Gerhard: Bildung braucht Persönlichkeit. Wie Lernen gelingt. Stuttgart 2011.

Rousseau, Jean-Jaques: Emil oder Über die Erziehung. Paderborn 1971.

Salcher, Andreas: Der talentierte Schüler und seine Feinde. Salzburg 2008.

Scheu, Ursula: Wir werden nicht als Mädchen geboren, wir werden dazu gemacht. Frankfurt am Main 1977.

Schmid, Wilhelm: Glück. Alles, was Sie darüber wissen müssen, und warum es nicht das Wichtigste im Leben ist. Frankfurt 2007.

Schury, Gudrun: Wer nicht sucht, der findet: Zufallsentdeckungen in der Wissenschaft. Frankfurt am Main 2006.

Schwan, Gesine: Bildung: Ware oder öffentliches Gut? Berlin 2011.

Seneca, L. Annaeus: De brevitate vitae. Von der Kürze des Lebens. Stuttgart 1977.

Simon, Gertrud: Pädagogisches Wirken im Spiegel der Zeiten. Einblicke in die neuzeitliche Geschichte der Pädagogik: Biografien, Texte, Hintergründe. Band 1. Graz 2004.

Sprenger Reinhard K.: Aufstand des Individuums. Warum wir Führung komplett neu denken müssen. Frankfurt am Main 2000.

Terhart, E.: Lehr-Lern-Methoden. Eine Einführung in Probleme der methodischen Organisation von Lehren und Lernen. Weinheim, München 1989.

Terkessidis, Mark: Interkultur. Berlin 2010.

Wilkinson, Richard; Pickett, Kate: Gleichheit ist Glück. Warum gerechte Gesellschaften für alle besser sind. Frankfurt am Main 2010.

Ziegler, Jean: Der Aufstand des Gewissens. Die nicht-gehaltene Festspielrede 2011. Salzburg 2011.

Ziegler, Jean: Der Hass auf den Westen. Wie sich die armen Völker gegen den wirtschaftlichen Weltkrieg wehren. München 2009.

Ziegler, Jean: Die neuen Herrscher der Welt und ihre globalen Widersacher. München 2005.